中国农户参与农村公共产品供给动力研究

ZHONGGUO NONGHU CANYU
NONGCUN GONGGONG CHANPIN
GONGJI DONGLI YANJIU

汪 旭\著

人民出版社

序　言

中国作为有着几千年历史的传统农业大国,"三农"问题一直比较突出。"三农"问题存在的一个重要原因在于多年来农村公共产品供给不足。农村公共产品供给不足使得农业生产条件无法得到根本改善,农业生产力水平难以实现大的提高;无法满足农民日益增长的物质和精神生活需求,使得农民生活水平难以提高;无法有效改善农村的基础设施,使得农村面貌难以得到根本改变。因而,实现农村公共产品的有效供给对于解决"三农"问题有着重要意义,探讨农村公共产品如何实现有效供给具有现实必要性。在探讨农村公共产品有效供给时,必然要重视对供给主体的研究。因为不同供给主体在参与供给决策、筹资、监督和建成后管护等环节上,存在重大差异,这直接影响到供给的效果。当前,学界认为要实现农村公共产品有效供给需要市场、政府和第三部门等主体的参与。在实践中,由于市场主体难以从供给具有非竞争性和非排他性的农村公共产品中获利,其供给的积极性严重不足,因而会出现市场供给失灵。由于政府不是农村公共产品的使用者和受益者,这使得其在农村公共产品供给过程中存在大量资金的浪费或低效率使用等问题,这又会导致政府供给失灵。第三部门出于公益精神,进行捐赠,解决了一些农村公共产品的供给短缺问题,但我国多数地区的第三部门发展滞后,组织管理水平不高,资金更是有限,使其难以进行大规模的供给。

及其原因,并在此基础上,提出进一步提升农户参与供给动力的具体措施,这可有效激励农户参与供给的积极性,也能使农户参与供给的行为步入常态化和规范化。这是保障农户权益,促进社会公平正义,维护农村稳定的基本途径。

本书研究由于受作者自身研究水平能力和客观条件的限制,存在诸多不足和遗憾,一些问题还需要进一步研究和思考。

目　　录

导　论

这里主要探讨本书的选题背景与问题缘起、国内外研究综述、研究意义、研究方法、思路与技术路线。这是本书研究的起点和基础。

一、选题背景与问题缘起

(一)选题背景

中国历来是一个农业大国,农村地区面积广大,农业人口众多。农业是国家经济和社会发展的基础和保障,农业的兴衰直接关乎着国家的前途和命运。只有农村稳定,才有国家稳定;只有做到农村又好又快发展,才能实现整个国家的又好又快发展。农民是农业生产的组织者,其素质的高低和生产积极性的高低将影响农业生产水平,进而影响国家经济水平;其收入水平也影响着全体国民的收入水平。随着农民工大量涌入城市,农民工成为城市发展的一支重要力量,为城市建设做出重要贡献。因而,农业、农村和农民问题在我国地位突出,影响深远,关乎社会主义现代化建设和全面建成小康社会的成败。但是,目前我国"农业基础仍然薄弱,最需要加强;农村发展仍然滞后,最需要扶持;农民增收仍然困难,最需要加快"[1]。之所以"三农"问题长期存在,一个

---

[1]　中共中央文献研究室:《十七大以来重要文献选编》上册,中央文献出版社 2009 年版,第 671 页。

1

重要原因就是我国农村公共产品供给长期不足,导致对农村"供血"不足。包括农田水利灌溉、江河治理、农业气象服务和农业病虫防治等在内的农业生产类公共产品的有效供给,可以有效提高农业生产水平和效率,促进农业经济的发展与繁荣。农村交通道路、生活用水、污水处理和电力等农村生活类公共产品的有效供给可以便利农民的日常生活,优化农村环境。农村义务教育、养老保险和医疗卫生等农村社会保障类公共产品的有效供给能提高农民的自身素质,改善农民的生活,解除农民的后顾之忧,进而有助于增强农民对党和国家方针、政策的认同以及对政府的信任,利于农村的长期稳定。2000年农村税费改革启动之前,我国"三农"问题突出,农村土地抛荒现象严重,农民负担沉重,干群关系紧张,就其本质而言,主要是由我国农村公共产品供给不足和供给体制存在的弊端造成的。2006年起,农业税的全面取消以及各项惠农政策纷纷出台,农民生活水平不断提高,农村面貌发生较大变化,这也与各级政府对农村公共产品供给的重视具有直接关系。这可以看出,农村公共产品的有效供给对于解决农业、农村和农民问题具有重要意义。它能为农村经济与社会发展提供物质基础,是实现农村经济与社会又好又快发展的重要推动力;能让农民享受到基本的公共产品,是农民生存和发展的重要基础和保障。

近年来,党和政府为解决"三农"问题做出了很大努力,其中包括加大对农村生产生活类和农村社会保障类等公共产品的供给,农村公共产品严重缺乏的问题得到了一定程度的改善。但是,城乡二元化公共产品供给体制没有彻底废除,这使得城乡有别的公共产品供给政策依然存在,农村公共产品供给不足、效率不高和管理不善等问题没有得到彻底改善。如何实现农村公共产品的有效供给是亟须解决的一项现实问题。

（二）问题缘起

农村公共产品涵盖范围广,基本保障性作用突出,具有非排他性和非竞争性特征。非排他性使得难以阻止不付费者使用农村公共产品,农村公共产品使用者必然有"搭便车"的倾向,不愿意付费使用公共产品;非竞争性意味着农村公共产品使用者人数的增加并不会增加成本,这难以精确地把成本均摊到每个使用者身上,因而,农村公共产品无法完全通过商品买卖的形式来获得。如果通过市场手段供给,那么私营企业等供给主体难以获得满意的经济利益,对通过市场手段参与供给的积极性必然不高,这意味着农村公共产品供给会出现市场失灵。

传统福利经济学理论认为由于存在市场失灵和外部性等问题,公共产品只有各级政府负责供给,才能保证供给的有效性。多数学者认为农村公共产品供给状况与政府财政能力、财政投入存在着明显的正相关关系,我国农村公共产品供给不足的责任在于政府对农村公共产品的资金投入不足。作为公共利益代表的政府要以资金问题为突破口和关键点,完善地方税收体系,提高地方政府财政收入水平,保障向农民提供充足有效的农村公共产品。对于政府来说,这一使命具有极为重要的现实意义,也是责无旁贷的。但在农业税全面取消后,上级政府的转移支付普遍有限的情况下,对于我国多数以农业为主的县和乡镇政府来说,其财政收入大幅度减少,财政能力非但没有得到根本性好转,甚至恶化。从全国范围来看,政府供给农村公共产品的资金短缺问题属于普遍现象,不可能在短期内得到有效解决。即使发达地区政府财力较雄厚,供给资金较充足,但与经济发展水平相对应的是,这些地区农民对农村公共产品需求也更加多样化,在数量上和质量上也相应提高,这也使得政府单独供给仍显得力不从心,仅靠政府并不能完全满足农民对农村公共产品的需求。此外,政府在农村公共产品供给过程中存在供需脱节和供给资金使用低效率等问题也会导致政府"供给失灵"现象。因而,跳出农村公共产品供给"唯政府论"的思维定式,探索政府以外的主体参与农村公共产品供给确有必要。

在农村公共产品单纯依靠市场或政府进行供给会出现市场失灵或政府失灵的情况下,第三部门组织供给进入人们的视野,这被认为是农村公共产品供给的"第三条道路"。第三部门基于利他目的,进行捐赠,可以解决部分农村公共产品的供给紧缺问题,但我国多数地区的第三部门发展滞后,组织管理水平不高,资金和规模更是有限,使其难以进行大规模的供给。

在市场、政府和第三部门主体组织农村公共产品供给均存在不同程度困境的情况下,如何实现农村公共产品的有效供给? 这就必然要求我们去寻找更多和更有效的方式。针对以上三个供给主体存在的弊端,我们要寻找的新的供给主体需符合以下几个条件:第一,有参与供给的愿望;第二,要有一定的经济实力;第三,有参与供给的基本技能。在这一逻辑演进下,农户主体进入了我们的视野,因为他们同时具备这三个条件。农户是农村的主人,是农村公共产品的使用者和直接受益者。近年来,农户受益于改革开放,逐渐富裕起来,有需求更高层次公共产品的意愿,在政府难以完全提供的情况下,他们具有自主供给的内在动力。同时,由于农户知晓自己的真实需求,其参与供给可以有效满足自己的偏好。因而,支持和激励体制外的重要主体——农户参与农村公共产品供给,有助于优化供给结构,增强供给针对性,提高供给质量。

四十年的改革开放使得我国经济发展驶入快速道,农村地区经济水平有了大大提高,农户增收的渠道也大大增加了,这使得农户的收入有了大幅度的提升。2013 年,全国农民人均纯收入达到 8896 元,农户总体上处于小康状态,多数农户具有一定的经济实力,这为参与农村公共产品供给提供了经济条件。

农村公共产品供给涉及决策、筹资、监督和建成后管护等环节。参与供给需要参与者有一定的参与技能和知识。近年来,教育的"两基"(基本实施九年义务教育和基本扫除青壮年文盲)目标的全国范围内全面实现使得我国农户的文化水平有了很大的提高,民主意识增强,具有参与"一事一议"的决策能力;具有较强的监督意识,大体知晓监督程序;对农村公共产品性能较为熟悉,具有一定的管护能力。

可见,激励农户参与农村公共产品供给,使其成为供给的"第四条道路",具有现实可能性。

当前农户具有参与农村公共产品供给的潜在动力,但是遇到的阻力更大。如何让潜在动力转化成现实力量,同时,化解阻力,这成为提高农户参与供给效果的最核心问题。因而,本书的研究在此背景下展开,以农户参与农村公共产品供给动力研究为题,分析农户参与供给动力不足的表现和原因,提出进一步提升农户参与供给动力的具体对策。这具有很大的现实必要性。

二、国内外研究综述

公共产品供给是一个历久弥新的话题。从 18 世纪的哲学到 21 世纪的经济学,围绕公共产品应该由谁提供、如何提供以及为谁提供的争论一直在持续,公共产品理论研究也逐渐成为经济学领域热点问题之一,相关研究文献较多。基于本书的研究目的,笔者在综述公共产品供给理论的基础上,重点对国内外关于农村公共产品供给主体和模式等方面研究成果进行述评。

(一)国外研究述评

由于西方发达国家不存在真正意义的城乡分治,城乡一体化程度高,对城乡公共产品的供给政策没有大的差别,因而,国外学者对农村公共产品进行单独研究的很少,主要针对的是一般意义上的公共产品的研究,具体集中在公共产品的含义、分类、供给主体和供给模式等几个方面。

1. 公共产品基本理论研究

(1)公共产品含义的界定

保罗·萨缪尔森(P.A.Samuelson,1954)对公共产品的定义最权威,认为公共产品就是具有受益非排他性和消费非竞争性等特征的产品。他强调的是公共产品要同时具备非排他性和非竞争性。① 詹姆斯·布坎南(James M.Buchanan,1965)认为"萨缪尔森归纳"不能完全包容所有的公共产品,首次提出了准公共物品的理论,认为准公共物品只是具有非排他性和非竞争性中的一个特点,而不是同时满足保罗·萨缪尔森所提出的两个条件。② 曼瑟尔·奥尔森(Mancur Olson,1965)指出公共产品是能以零边际成本给所有社会成员提供同等数量的物品。③ 安东尼·阿特金森等(Anthony B.Atkinson.etc,1980)也指出公共产品是一种对某一商品的总支出不变的情况下,某个人消费的增加并没有使他人的消费得以减少的产品。④ 奥尔森和阿特金森主要是从供给消费的非竞争性来界定公共产品。乔治·恩德勒(Georges Enderle,1998)认为定义公共物品需要坚持非排斥和非敌对这两条原则。⑤ 这

① P.A.Samuelson. "The Pure Theory of Public Expenditure". *Review of Economics and Statistics*,1954,36(4):389.

② J.M.Buchanan. "An Economic Theory of Clubs". *Economica*,*New Series*,1965,32(125):1.

③ [美]曼瑟尔·奥尔森:《集体行动的逻辑》,陈郁等译,上海人民出版社1995年版,第12页。

④ [英]安东尼·阿特金森等:《公共经济学》,蔡江南等译,上海三联书店1992年版,第621页。

⑤ [美]乔治·恩德勒:《面向行动的经济伦理学》,高国希、吴新文等译,上海社会科学院出版社2002年版,第84页。

一定义从理论上深化了保罗·萨缪尔森关于公共物品的论述,使分析更加扩展,不仅从消费和技术上,还可以从法律和伦理的原因理解公共物品。

以上西方学者主要是从非排他性和非竞争性的角度对公共产品含义进行界定,比较深入全面地揭示了公共产品的内在特征。

（2）公共产品类别的划分

西方学者分别使用"二分法"、"三分法"和"四分法"等对公共产品进行分类。

依据"二分法"分类的有:保罗·萨缪尔森（P.A.Samuelson,1954）在对公共产品定义的基础上,将其划分为纯私人产品和纯公共产品。[①]查尔斯·蒂布特（C.M.Tiebout,1956）在《地方支出的纯理论》一文中将公共产品分为全国性公共产品与地方性公共产品两类,并重点讨论了有效提供地方性公共产品的方式及有效运作方式所需要的条件。[②]

依据"三分法"分类的有:詹姆斯·布坎南（James M.Buchanan,1965）首次提出了俱乐部产品,从而在纯公共产品与纯私人产品之间架起一座桥梁。布伦德尔（1988）通过 $g_i = g/N^a$ 公式对公共产品进行了划分。在此公式中,g_i 为每个人消费的产品数量,g 为产品的供给总量,N 为人口规模,a 为拥挤系数,$0 \leqslant a \leqslant 1$。如果 $a = 0$,则该产品为纯公共产品;如果 $a = 1$,则该产品为私人公共产品;如果 $0 < a < 1$,则该产品为准公共产品。

依据"四分法"分类的有:奥斯特罗姆夫妇（E.Ostrom and V.Ostrom,1990）根据不同产品消费的排他性和共用性的属性,将所有物

① P.A.Samuelson. "The Pure Theory of Public Expenditure". *Review of Economics and Statistics*,1954,36（4）:391.

② Charles M.Tiebout. "A Pure Theory of Local Expenditures". *The Journal of Political Economy*,1956,64（5）:418－419.

品分为私益物品、公共池塘资源、收费物品和公益物品四类。① 依据产品是否具有竞争性和排他性,N.曼昆(N.Mankiw,1998)把物品分为私人物品、公共物品、共有资源和自然垄断性物品四类。② E.S.萨瓦斯(E.S.Savas,2000)依据物品的排他性和消费的共同性将其分为个人物品、可收费物品、共用资源和集体物品四类。③

上述三种有关公共产品种类的划分主要是依据公共产品所具有的非排他性和非竞争性的程度来进行划分的。对公共产品进行合理的分类为开展公共产品供给研究提供了基础。

2.不同供给主体参与公共产品供给研究

(1)政府供给公共产品的问题

传统西方经济学者认为通过市场手段供给公共产品,常缺乏效率,难免会出现"市场失灵",由政府供给公共产品会更有效。

霍布斯(Hobbes,1651)在《利维坦》中认为公共产品的最终受益者虽然是个人,但个人无法有效提供,只能由政府或集体来供给。这成为其后公共产品理论重要的理论基础之一。庇古(Pigou,1938)在《福利经济学》中以灯塔为例,认为由私人建造灯塔的收益远远低于社会收益,在这种情况下,需由政府出资建造,论证了政府供给公共产品的必要性。休谟(Hume,1939)在《人性论》中以草地排水问题为例,指出政府可以克服人性的弱点,供给桥梁等公共产品。这里体现了公共产品政府供给的思想。萨缪尔森(P.A.Samuelson,1948)在《经济学》中对穆勒关于导航灯塔的论述做了进一步拓展,从边际成本角度论证了灯塔

---

① [美]文森特·奥斯特罗姆、埃莉诺·奥斯特罗姆:《公益物品与公共选择》,载[美]迈克尔·麦金尼斯主编:《多中心体制与地方公共经济》,毛寿龙等译,上海三联书店2000年版,第101页。

② [美]N.曼昆:《经济学原理》上册,梁小民译,机械工业出版社2003年版,第188页。

③ [美]E.S.萨瓦斯:《民营化与公私部门的伙伴关系》,周志忍等译,中国人民大学出版社2002年版,第50页。

应该属于公共产品,从而强化了公共产品纯政府型供给模式的合理性与必要性。鲍德威和威迪逊(R.W.Boadway and D.E.Wildasin,1997)认为公路、国防、电力供应及污染治理等公共产品无法完全由市场提供。若由市场对此进行供给,则会出现市场失灵,这必然需要政府直接提供公共产品。①

总的看来,上述学者均认为政府在公共产品供给中具有不可替代性。正如约翰·加尔布雷思(John Kenneth Galbraith,1969)所说,对于公共产品的供给,"除了政府管理以外,我们别无选择"②。

(2)私人和私营企业参与公共产品供给的问题

西方一些经济学家从公共产品供给实践中又认识到了政府供给的低效率,认为只有通过私有化,才能真正克服供给低效率的问题。

萨缪尔森(P.A.Samuelson,1969)指出公共产品并不一定要由公共部门来提供,也可由私人部门来提供。③ 布坎南(James M.Buchanan,1965)认为在居民收入提高的情况下,排他性的俱乐部产品可以由私人供给,可以将市场、社会引入公共产品供给中去,以打破政府的垄断地位,建立公私之间的竞争。④ 德姆塞茨(H.Demsetz,1970)指出,如果通过排他性技术能很好地限制不付费者对公共产品的消费,那么私人企业愿意提供公共产品。⑤ 科斯(R.H.Coase,1974)从经验的角度出发,指出一向认为必须由政府经营的灯塔也是可以由私人提供和经营

① [美]鲍德威、威迪逊:《公共部门经济学》,邓力平译,中国人民大学出版社 2000 年版,第 2 页。

② [英]哈耶克:《法律、立法与自由》第二、三卷,邓正来等译,中国大百科全书出版社 2000 年版,第 344 页。

③ P.A.Samuelson.Pure Theory of Public Expenditure and Taxation.New York:St.Martin's Press,1969:98.

④ J.M.Buchanan."An Economic Theory of Clubs".Economica,New Series,1965,32(125):13-14.

⑤ H.Demsetz."Full Access the Private Production of Public Goods".Journal of Law and Economics,1970,13(2):299-300.

的。同时,表明公共产品由私人供给不仅是可能的,而且是更有效率的,①从而有力地反驳了公共产品只能由政府垄断供给的传统经济学观点。布鲁贝克尔(E.R.Brubaker,1975)认为通过在公共产品生产前订立契约,有可能实现公共产品的私人生产与供给。② 埃莉诺·奥斯特罗姆(E.Ostrom,1990)认为具有排他性的收费物品类和竞争性的公共池塘资源类公共产品可以由民间供给。③ E.S.萨瓦斯(E.S.Savas,2000)则认为提高公共服务供给效率的最好方法是通过积极实行公共服务民营化,更多依靠市场,减少对政府的依赖,来满足公众对公共服务的需求。④

西方学者们在认识到政府供给的弊端时,提出利用市场手段,可以激励私人和私营企业参与到公共产品供给中去,这有效地拓宽了供给主体的范围。

(3)第三部门参与公共产品供给的论述

亨利·汉斯曼(Henry Hansmann,1980)认为与营利组织追求利润为永恒目的不同的是,第三部门不以营利为目的,不会为追求利润而降低品质。如果由第三部门来进行公共产品的生产,生产者的欺诈行为将会大大减少。⑤ 韦斯布罗德(Weisbrod,1986)指出第三部门的出现是公共物品供给的政府失灵和市场失灵的产物,它被视为公共物品供

---

① R.H.Coase."The Light House in Economics". *Journal of Law and Economics*, 1974, 17 (2):375.

② E.R.Brubaker. " Free Ride, Free Revelation, or Golden Rule?". *Journal of Law and Economics*, 1975, 18(1):160–161.

③ E.Ostrom. *Governing the Commons: The Evolution of Institutions for Collective Action*. New York: Cambridge University Press, 1990.90–92.

④ [美]E.S.萨瓦斯:《民营化与公私部门的伙伴关系》,周志忍等译,中国人民大学出版社 2002 年版,第 104 页。

⑤ H.Hansmann. "The Role of Nonprofit Enterprise". *Yale Law Journal*, 1980, 89(5):899–900.

给的一支独立的第三方力量。① 萨拉蒙和安海尔（Lester M.Salmon and Helmut K.Anheier,1996）认为在国家机构对依靠自己力量促进发展、提供福利和保护环境的能力失去信心时,公共产品自愿供给则很可能会出现。② 比罗迪乌和斯利文斯基（M.Bilodeau and Slivinskirenwei,1997）通过实证研究表明包括慈善机构在内的许多非营利性组织通过个人募捐的方式,向社会提供各种组合的公共产品和服务。③ 保罗·斯特里滕（Paul Streeten,1998）认为人们对政府失去了幻想,但又不愿将所有的事务都交给私人企业去做,这必然会想到让非政府组织来完成。④

上述学者是在对政府失灵和市场失灵的基础上,提出了第三部门参与公共产品的供给,并对第三部门参与供给寄予厚望。

3. 公共产品供给模式研究

（1）二元主体合作供给模式

第一,公共产品供给 PPP 模式。英国保守派财政大臣罗曼·莱蒙特（Reymont,1992）最早提出公共产品供给的公私部门合作伙伴模式,即 PPP 模式（Public—Private—Partnership）。该模式以公私部门订立的契约为基础,私营部门负责公共产品的生产,公共部门向私营部门付费作为对其生产成本的补偿和收益的回报。在这种模式下,私营部门的创新精神和经营能力得以充分发挥,从而可以有效地提高供给效率。

第二,政府与第三部门功能互补供给模式。莱斯特·萨拉蒙（Lester Salamon,1987）认为,第三部门对公众需求具有良好的回应性,

① James Estell. *The Nonprofit Sector: A Research Handbook*. New Haven: Yale University Press,1987.55.

② Lester M.Salmon and Helmut K.Anheier. *The Emerging Nonprofit Sector - An Overview*. Manchester: Manchester University Press,1996.523.

③ M.Bilodeau and Slivinskirenwei. "Rival Charities". *Journal of Public Economics*,1997,66 (3):464-465.

④ ［美］保罗·斯特里滕：《非政府组织和发展》,载何增科主编：《公民协会与第三部门》,社会科学文献出版社 2000 年版,第 319 页。

但其对供给的相关制度规范不足,这会导致"志愿失灵",而政府具有刚性制度,恰好能弥补第三部门的不足,使两者在供给公共产品时实现优势互补。① 此后,吉丹伦、克雷默和萨拉蒙(Gidron, Kramar and Salamon,1992)又依据两者在供给资金筹集中作用的不同,将两者合作关系分为第三部门支配模式、政府主导模式、双重模式和合作伙伴模式四种。② 扬(D.R.Young,2000)则将政府与第三部门关系明确地界定为对抗、补充和合作互补等三种关系。③

(2)三元主体合作供给模式

伍斯瑙(Wuthnow,1991)认为公共产品供给不能是政府与私营部门或政府与志愿部门单方面的合作,而应是政府、市场、志愿部门三元主体共同合作供给。他指出政府、市场和志愿部门分别基于强制力、非强制力和志愿精神来活动的。虽然三个部门活动原则存在很大差异,但当面对共同需要解决的问题时,它们之间会密切合作。例如,三部门在为社会公众提供相同或相近的公共产品时,往往会在人员、技术和供需信息等方面实现部门间流动或共享。④

(3)多元主体互动供给模式

随着对新公共管理理论和新公共服务理论研究的兴起,国外学者开始关注公共产品多元化的供给模式。

登哈特夫妇(J.Denhardt and R.Denhardt,2000)认为政府在进行供

---

① L.M.Salmon.*Partners in Pubic Service:The Scope and Theory of Government—Nonprofit Relations*.New Haven:Yale University Press,1987.107.

② B.Gidron,R.Kramer and L.M.Salmon.*Government and the Third Sector*.San Francisco:Jossey Bass Publishers,1992.149.

③ Dennis R. Young. "Alternative Models of Government – nonprofit Sector Relations:Theoretical and International Perspective".*Nonprofit and Voluntary Sector Quarterly*,2000,29(1):166.

④ 周燕、梁樑:《国外公共物品多元化供给研究综述》,《经济纵横》2006 年第 2 期,第75 页。

给时,一方面,要为公民提供一个表达供给意愿的舞台,另一方面,要充当"中间人"角色,将私人部门、第三部门和公民个人等参与供给主体都召集起来,就有关供给问题进行磋商,达成统一供给意见。埃莉诺·奥斯特罗姆(E.Ostrom,2000)首先提出"多中心"概念,认为除政府之外,私人部门、社区组织均可成为公共物品的供给主体。① E.S.萨瓦斯(E.S.Savas,1999)认为公共产品的供给并不一定非要由政府去出面提供不可,私人机构也可以参与其中,公私机构间可以通过竞争与合作来提高供给效率。他结合公共产品供给的安排和生产的不同情况,列出了政府服务、自由市场、志愿服务和自我服务等 10 种供给形式。② 这 10 种供给形式充分体现了政府、私人部门、第三部门和公民个人间的合作。

以上学者认为在公共产品供给中,政府、私营部门、第三部门和公民共同参与的多元化供给模式能做到各主体利益共享、责任共担,达到最佳互动的效果,最大限度地实现公共利益。

4. 有关农村公共产品供给和中国农村公共产品供给的研究

(1)农村公共产品供给的研究

由于西方发达国家对城乡地区实施的是大体一致的公共产品供给政策,因而,西方学者对农村公共产品供给的单独研究较少。目前,可以看到的主要有:1956 年,蒂布特(C.M.Tiebout)提出一个地方公共物品的供给模型,认为居民可通过"用脚投票"来表现其偏好,可以移民到地方公共物品供给好的地方去,以促进各地区公共物品供求平衡,达到对地方公共物品实现有效配置的目的,但地方公共物品与农村公共

---

① ［美］奥斯特罗姆、帕克斯和惠特克:《公共服务的制度建构》,毛寿龙等译,上海三联书店 2000 年版,第 11—12 页。

② ［美］E.S.萨瓦斯:《民营化与公私部门的伙伴关系》,周志忍译,中国人民大学出版社 2002 年版,第 69—70 页。

产品的概念还存在差别。世界银行的工作报告对农村的基础教育、社会保障和公共卫生等问题有所提及,但比较零散,缺乏系统性。

(2)有关中国农村公共产品供给的研究

西方学者针对中国农村公共产品供给开展研究则更少。可以找到的成果有:珀金斯和尤素夫(Perkins and Yusuf,1984)谈到,中国改革开放以前,城市公共产品供给由政府统揽下来,而农村公共产品供给主要依靠农民自己来实现,政府只是在排灌和水土改良等劳动密集型项目建设中进行组织动员。[①] 里·维科特尔和弗兰克·扬(Nee Victor and Frank W.Young,1990)认为,自从实施了家庭联产承包制之后,中国政府和村集体对农村公共项目建设的动员远远不如实施前见效了,农村公共产品生产成本也增加了。[②]

由于受资料等因素的影响,西方学者对我国农村公共产品供给主要是从供给体制的变迁等宏观角度加以研究,而对不同供给主体的具体供给行为和不同供给主体间的关系等缺少微观的分析,因而,研究的深度还不够,研究的范围较窄,对我们的研究具有启发性的成果很少。

5.对国外公共产品研究的总体评价

(1)公共产品理论研究成果丰富

近几十年来,国外学者从微观经济学、财政学和公共管理学等角度开展了对公共产品相关问题进行了深入研究,研究涉及公共产品的概念、特征、分类、供给主体和供给方式等,这些研究成果有效地指导了西方国家公共产品生产与供给的实践,也为我们进一步开展公共产品问题的研究提供了很好的理论基础。

---

① D. H. Perkins and S. Yusuf. *Rural Development in China*, Baltimore: Johns Hopkins University Press,1984.198-200.

② Nee Victor and Frank W.Young. "Peasant Entrepreneurs in China's "Second Economy": An Institutional Analysis". *Economic Development and Cultural Change*,1990,39(2):308-309.

（2）公共产品理论有待完善

第一，国外学者多以经济学理论为基础研究公共产品问题，而经济学的建立是以合乎理性和信息完全的假设条件为前提的，因而，他们多从"理性经济人"的角度来分析某一组织和个人的供给行为。由此可见，国外学者对公共产品理论的研究是在经济学框架下进行的，是经济学研究的延伸。这种"延伸研究"可以从一个方面或侧面研究公共产品问题，却无法完全揭示公共产品的供给规律。在公共产品供给中，供给者和消费者不完全是"经济人"，还受政治、社会和文化传统等因素的影响，会出现一些"非经济理性"的供给行为，以西方经济学为理论基础的西方公共产品理论对这种行为难以很好解释，需要进一步完善。

第二，国外学者对公共产品供给有关理论的分析，主要是以完善的市场经济体制为背景的，是建立在考察美国和英国等发达资本主义国家公共产品供给实践的基础之上的，而对于经济转型中的发展中国家相关公共产品供给理论和实践则很少关注。因此，国外公共产品理论还不具有普适性，尤其对发展中国家公共产品供给理论的借鉴和供给活动的指导还较有限，还有待进一步完善。

（3）对农村公共产品自主供给问题的研究关注不够

第一，虽然西方学者提出了自主供给理论，但自主供给理论主要关注的是城市公共产品如何进行一定范围的自主供给，并提出了一系列的措施，而对农村公共产品的自主供给的关注不够，有关农户参与农村公共产品供给的直接研究成果不多。这可能与西方发达国家城市化水平已经较高，城乡差距不大，城乡公共产品的供给方式不存在本质差别有关。

第二，西方学者对农户参与农村公共产品供给动力的研究也很少涉及，更没有深入探讨阻碍农户进行自主供给的具体因素以及提升农户参与供给动力的具体措施。因而，能提供给我国农户参与农村公共产品供给的直接经验则较少。

（二）国内研究述评

由于农村公共产品供给与农业生产和农民生活息息相关,国内学者从 20 世纪 90 年代开始关注农村公共产品供给,经过 20 多年的努力,取得了较为丰硕的成果。以"农村公共产品"为题名在中国知网数据库进行检索,共检索到论文 2100 多篇。此外,还有研究农村公共产品问题的大量著作出版。近年来,对农村公共产品的研究主要涉及农村公共产品基本理论、供给现状、供给机制、供给主体和供给模式等几个方面。

1. 农村公共产品基本理论研究

（1）农村公共产品含义

国内学者对农村公共产品定义的界定主要是基于萨缪尔森"非竞争性和非排他性"的经典性解释而展开的。张军和何寒熙(1996)认为是可以由当地的农村社区集体参与共享的产品。[①] 徐小青(2002)认为是农业生产和农民生活所需的具有一定的非排他性和非竞争性的产品或服务。[②] 谢群和员晓哲(2006)认为是为农民、农村和农业发展所提供的具有非排他性、非竞争性和收益外溢性的物品或服务。[③] 其中,张军和何寒熙对农村公共产品的定义是改革开放以来,我国学者最早对农村公共产品的论述。从上述定义中,不难看出国内学者对农村公共产品内涵的认识是基本一致的。

（2）农村公共产品分类

徐小青(2002)根据内容不同,把农村公共产品划分为农村公共设

---

① 张军、何寒熙:《中国农村的公共产品供给:改革后的变迁》,《改革》1996 年第 5 期,第 50 页。

② 徐小青:《中国农村公共服务》,中国发展出版社 2002 年版,第 41 页。

③ 谢群、员晓哲:《我国农村公共产品供给主体的失衡与重构》,《农村经济》2006 年第 3 期,第 11 页。

施和农村公共服务。① 陈俊红等(2006)按照社会主义新农村建设的要求,将农村公共产品划分为农村医疗和社会保障类、教育科技类、农村基础设施建设类和农村规划类公共产品。② 赵春江和李江(2011)按供给主体不同,将农村公共产品分为政府供给型、私人供给型、政府与私人混合供给型农村公共产品。③

(3)农村公共产品特征

针对农村公共产品的特征,黄志冲(2000)认为具有消费中无争夺性和无排除的可能性;④王国华和李克强(2003)指出具有多层次性;⑤蒋佳林(2004)认为具有某种排他性、种类很少和效用较低;⑥睢党臣(2009)指出具有垄断性、层次性、地域性、经济性和社会性等特征。⑦上述学者虽然对农村公共产品认识的角度不同,但概括出的特征都是切中农村公共产品性质的。

近年来,我国学者从不同层面上对农村公共产品含义、分类及特征进行了深入研究,把农村公共产品的真实面貌较为全面地展现出来,这为进一步开展农村公共产品供给的研究奠定了基础。但还存在一些不足,例如,对农村公共产品边界的界定还需进一步明确。

---

① 徐小青:《中国农村公共服务》,中国发展出版社2002年版,第45页。
② 陈俊红、吴敬学、周连弟:《北京市新农村建设与公共产品投资需求分析》,《农业经济问题》2006年第7期,第9—10页。
③ 赵春江、李江:《新农村建设中公共产品供给问题研究》,中国物资出版社2011年版,第35页。
④ 黄志冲:《农村公共产品供给机制创新研究》,《现代经济探讨》2000年第10期,第28—30页。
⑤ 王国华、李克强:《农村公共产品供给与农民收入问题研究》,《财政研究》2003年第1期,第46—49页。
⑥ 蒋佳林:《创新农村公共品供给机制是统筹城乡发展的关键》,《上饶师范学院学报》2004年第2期,第14—17页。
⑦ 睢党臣:《农村公共产品供给结构研究》,中国社会科学出版社2009年版,第42—43页。

2. 农村公共产品供给现状的研究

学者们普遍认为,近年来我国农村公共产品供给取得较大成就,但是仍然存在不少问题。

(1)农村公共产品供给存在的具体问题

黎炳盛(2001)认为供给总量不足、供给主体错位和农民负担过重。[①] 熊巍(2002)指出供给总体不足;政府在供给中的作用有限;大量的制度外供给增加了农户的负担。[②] 何菊芳和何秋仙(2004)认为政府对农村公共产品供给责任划分不尽合理且其提供方式不符合世界贸易组织规则要求;非均衡的供给体制导致农村公共产品供给严重不足;制度外供给使农民负担加重;供给资金的使用与管理监督匮乏。[③] 海曙光(2009)指出存在供给效率低、主体失衡与区域间不均衡等问题。[④] 可以看出,我国农村公共产品供给的具体问题主要集中在供给总量不足、主体失衡、农民负担重等方面。

(2)农村公共产品供给存在问题的原因与对策分析

针对农村公共产品供给存在问题的原因,楚永生(2004)认为是由供给决策机制和融资体制障碍以及政府供给角色的"越位"、"错位"和"缺位"等问题所致。[⑤] 陈俊星和田树红(2004)指出存在问题与农村公共财政体制不完善、农村公共管理机构不健全和管理人员的总体素质不高等有关。[⑥] 刘炯和王芳(2005)认为以单中心的治理

---

① 黎炳盛:《村民自治下中国农村公共产品的供给问题》,《开放时代》2001 年第 3 期,第 71—81 页。

② 熊巍:《我国农村公共产品供给分析与模式选择》,《中国农业经济》2002 年第 7 期,第 36—44 页。

③ 何菊芳,何秋仙:《构建农村公共产品供给的新体制》,《浙江学刊》,2004 年第 3 期,第 177—180 页。

④ 海曙光:《农村公共产品供给困境分析》,《理论前沿》2009 年第 1 期,第 31—32 页。

⑤ 楚永生:《农村公共物品供给视角》,《求索》2004 年第 6 期,第 5 页。

⑥ 陈俊星、田树红:《论我国农村公共管理体制的改革与创新》,《福建经济管理干部学院学报》2004 年第 2 期,第 31—32 页。

模式和单一供给主体为特征的单中心供给体制无法满足农民对农村公共产品需求日益增长需要,必然会造成供给的严重不足。① 可见,学者们普遍认为存在问题的主要根源在于我国农村公共产品供给体制存在缺陷。

针对如何创新和完善农村公共产品供给体制,学者们从不同角度提出了建议。黄志冲(2000)认为应从明晰农村公共产品的产权关系和减轻农民负担等方面着手,鼓励农民参与供给,提高供给效率。② 刘鸿渊(2004)指出可以从建立中央、省、地方和农民四位一体的供给体制,建立有效的供给决策程序和开辟新的供给资金筹集渠道等方面着手。③ 贾康和孙洁(2006)认为政府是提供农村公共产品的主要安排者,但不一定是生产者,可积极引导私人部门参与生产农村公共产品,充分发挥政府间协议供应机制的潜力。④ 王爱学、赵定涛(2007)提出了强化公共财政投入机制,建立多层次的供给机制和硬性的投资分担机制,改革完善供给决策机制和引入市场机制等建议。⑤ 刘华安(2007)认为从创新政府间转移支付制度和健全公共产品的农民需求表达机制等方面努力。⑥ 徐鲲和肖干(2010)提出应从改革和完善财政管理制度,建立城乡一体的公共产品供给制度,完善农村公共产品供给

① 刘炯、王芳:《多中心体制:解决农村公共产品供给困境的合理选择》,《农村经济》2005 年第 1 期,第 12—14 页。

② 黄志冲:《农村公共产品供给机制创新研究》,《现代经济探讨》2000 年第 10 期,第 29—30 页。

③ 刘鸿渊:《农村税费改革与农村公共产品供给机制》,《求实》2004 年第 2 期,第 93—94 页。

④ 贾康、孙洁:《农村公共产品与服务提供机制的研究》,《管理世界》2006 年第 12 期,第 66 页。

⑤ 王爱学、赵定涛:《论我国农村公共产品供给机制缺失与重构》,《学术界》2007 年第 3 期,第 40 页。

⑥ 刘华安:《农村公共产品供给:现实困境与机制创新》,《国家行政学院学报》2009 年第 3 期,第 58—59 页。

决策机制、管理机制以及筹资机制等方面努力。① 可见,学者们普遍认为农村公共产品供给体制的完善需要从健全供给决策和筹资机制等方面着手,实现供给决策程序的民主化和筹资主体的多元化。

3. 农村公共产品不同供给主体研究

我国学者对政府、私营企业、第三部门和私人等参与农村公共产品供给进行了阐述。

(1)政府参与农村公共产品供给的研究

黄争鸣(2003)认为要从加大政府对供给力度以及规范政府供给的责任和方式方面着手,来改变农村公共产品供给不足的局面。② 冯胜花和李彬(2006)指出政府"重城市、轻农村"和"重政绩、轻实绩"行为是造成农村公共产品供需失衡的主因,为此,提出了规范政府在农村公共产品供给中行为的政策性建议。③ 黄立华(2009)认为由市场向社会供给公共产品是缺乏效率的,解决的主要途径是要靠政府来提供。为了保证履行农村公共产品供给的职责,政府必须在非正式制度、正式制度与实施制度等方面采取相应措施。④ 曲延春(2012)指出只有加大政府对农业和农村的投入力度,强化政府的供给责任,才能改变农村公共产品供给不足的局面。⑤ 这些学者充分肯定了政府在农村公共产品供给中的地位并明确了其在供给中的责任。

---

① 徐鲲、肖干:《农村公共产品供给机制的创新研究》,《探索》2010年第2期,第90—94页。

② 黄争鸣:《加大农村公共产品的政府供给》,《江西财经大学学报》2003年第2期,第44页。

③ 冯胜花、李彬:《政府在农村公共产品供给中行为缺失与对策研究》,《农村经济》2006年第7期,第17—18页。

④ 黄立华:《论农村公共产品供给中的政府责任》,《吉林大学社会科学学报》2009年第4期,第148—153页。

⑤ 曲延春:《变迁与重构:中国农村公共产品供给体制研究》,人民出版社2002年版,第139—173页。

（2）私营企业参与农村公共产品供给的研究

邓毅（1997）认为私营企业参与地方公共物品的供给可以形成竞争，提高供给效率，有助于解决地方基础设施类公共物品供给的资金短缺问题，也有助于繁荣地方科教文卫等事业。① 陈伟鸿（2008）认为民营企业介入农村地方准公共产品供应时，应关注介入"度"、效率、社会福利损失与公平以及民营企业的投资积极性等问题。② 王建友（2011）探讨了企业适度供给农村公共产品的必要条件及价值，指出在重构农村共荣利益的过程中，在产业联接及足够的激励下，企业可以发挥类似集体经济的供给功能。③ 这些学者一方面论述了私营企业参与供给的必要性，另一方面指出私营企业参与供给应注意的问题。

（3）第三部门参与农村公共产品供给的研究

孙辉（2006）指出解决公共产品供给失灵的关键在于建立政府和第三部门间的伙伴关系，使二者做到扬长避短、优势互补，使第三部门成为部分公共物品的生产者，政府则承担购买者和管制者的角色。④ 朱文文和朱彬彬（2006）认为第三部门在公共产品的供给中对政府有依附性，自治性和非营利性特征不够明显，应当完善第三部门法律体系，建立制度化管理渠道，加强其自身建设。⑤ 崔开云（2011）认为非政府组织具有独特的产权配置、工作方式灵活机动、专业性和低成本等优势，但要使非政府组织在农村公共产品供给中发挥更大的作用，还需要

---

① 邓毅：《关于私营企业介入地方公共物品供给的研究》，《财经研究》1997 年第 12 期，第 17—19 页。

② 陈伟鸿：《民营企业与农村地方准公共产品的供应》，《商业研究》2008 年第 10 期，第 180 页。

③ 王建友：《论新农村建设中企业供给公共产品的价值》，《西北农林科技大学学报》（社会科学版）2011 年第 5 期，第 22 页。

④ 孙辉：《公共物品供给中的政府与第三部门伙伴关系》，《广东行政学院学报》2006 年第 2 期，第 26 页。

⑤ 朱文文、朱彬彬：《我国第三部门在公共产品供给中的阻力与对策分析》，《云南行政学院学报》2006 年第 6 期，第 87 页。

调整相关法律规制,为其提供更加宽松的发展空间,强化政府与非政府组织间的合作,加强对非政府组织农村项目的后续管理。① 学者们既指出了第三部门参与供给存在的优势,又指出存在的不足,并提出解决措施。

(4)私人自愿参与农村公共产品供给的研究

吕恒立(2002)认为政府可通过对公共物品产权的界定以及给予某些激励措施等来促进私人自愿参与供给。② 郭少新(2004)指出私人供给经营性公共物品有利可图,有参与供给的动力,并提出了参与供给的具体形式。③ 樊丽明(2005)以中国教育、基础设施和社会捐赠的案例分析为基础,研究了中国公共物品的市场与自愿供给的现状并提出了政策建议。④ 王能民等(2008)认为通过自愿方式来提供公共物品,要求行为主体进行决策时要充分考虑社会效益因素,使公共物品的提供量达到帕累托最优。⑤ 这些学者指出了私人自愿参与供给的可能性、具体形式和具体要求。

但目前只有为数不多的专门研究农户自愿参与农村公共产品供给的研究成果。穆贤清等(2004)阐述了农户参与灌溉管理的产权制度基础和组织保障机制。⑥ 郑沪生(2007)提出只有农民参与公共产品供

---

① 崔开云:《非政府组织参与中国农村公共产品供给基本问题分析》,《农村经济》2011年第4期,第29—31页。

② 吕恒立:《试论公共产品的私人供给》,《天津师范大学学报》(社会科学版)2002年第3期,第4—5页。

③ 郭少新:《地方公共物品的私人供给分析》,《生产力研究》2004年第9期,第71页。

④ 樊丽明:《中国公共物品市场与自愿供给的分析》,上海人民出版社2005年版,第9页。

⑤ 王能民等:《公共物品私人提供的博弈分析》,《公共管理学报》2008年第1期,第49页。

⑥ 穆贤清等:《我国农户参与灌溉管理的产权制度保障》,《经济理论与经济管理》2004年第12期,第61—66页。

给决策,才能使农民的利益得到保障。① 符加林等(2007)认为农户对是否参与农村公共产品供给存在博弈,声誉的信息对农户的偷懒行为有很强的约束。基于声誉损益的考虑,农户有可能自愿供给农村公共物品。② 方建中(2011)指出应重视农户参与农村公共产品的供给,农户参与供给主要涉及供给决策、筹资、资金监管、项目管护以及供给效果的评估等环节。③

上述学者普遍认为农村公共产品供给不足的主要原因是政府责任的缺失。私营企业和第三部门在一定条件下能参与到农村公共产品供给中去,并能发挥重要作用。学者们对私人自愿参与供给也有着较多的研究,但对农户参与供给的研究关注还不够,对农户参与的动机、优势和必要性等没有进行系统阐述。

4. 农村公共产品供给模式研究

李雄斌(2004)指出要在农村公共产品供给中实现供给主体、资金来源和供给方式的多元化。④ 刘炯和王芳(2005)认为构建多中心体制可化解农村公共产品供给困境,而多中心体制的顺利运行需要具备相应的法律保障和明晰农村公共产品的产权关系等条件。⑤ 陈朋(2006)指出我国农村公共产品供给需要政府、市场、社区和第三种力量共同参与。这四种主体在供给中分别发挥着主导性、促进性、补

---

① 郑沪生:《构建农民参与的农村公共产品供给制度》,《长白学刊》2007 年第 5 期,第 56 页。

② 符加林、崔浩、黄晓红:《农村社区公共物品的农户自愿供给——基于声誉理论的分析》,《经济经纬》2007 年第 4 期,第 106—109 页。

③ 方建中:《农户参与农村公共服务供给模式研究》,《江苏行政学院学报》2011 年第 6 期,第 55 页。

④ 李雄斌:《农村公共产品供给模式创新探讨》,《陕西日报》2004 年 04 月 07 日。

⑤ 刘炯、王芳:《多中心体制:解决农村公共产品供给困境的合理选择》,《农村经济》2005 年第 1 期,第 12—14 页。

充性和导向性作用。① 方建中和邹红(2006)认为应促进农村公共产品供给主体多元化,形成政府、私人和第三部门的协同机制。② 赵立雨和师萍(2008)从多中心治理理论角度出发,认为农村公共产品供给模式要体现多元供给主体、多层次资金来源和双向决策机制等特点。③金峰(2010)认为可从健全供给决策机制,拓宽供给筹资渠道和加大财政对农村公共产品的投入力度等方面着手,优化农村公共产品供给模式。④

关于农村公共产品供给模式问题,国内学者基本达成共识:建立多元化供给模式,采取多中心、多渠道和多形式来实现农村公共产品有效供给。

5. 对国内公共产品研究的总体评价

(1)已有研究成果较为丰硕

第一,已对我国农村公共产品的基本内涵、特征和分类有了较具体的分析。第二,对农村公共产品供给存在的问题进行了归纳,认为供给数量不足、结构不合理和效率不高是主要问题,多数学者认为这是由于供给体制不合理而造成的,在此基础上,提出了创新农村公共产品供给机制的一系列措施,措施涉及决策、筹资、财政和监管等体制的完善和创新等。第三,对农村公共产品供给具体方式上,绝大多数学者对实施多元化供给模式已达成共识。在此基础上,对不同供给主体参与供给必要性、可行性和具体措施也做出了具体分析,认为在一定的经济激励

---

① 陈朋:《农村公共产品的供给模式与制度设计思考》,《教学与研究》2006 年第 10 期,第 21—23 页。

② 方建中、邹红:《农村公共产品供给主体的结构与行为优化》,《江海学刊》2006 年第 5 期,第 101 页。

③ 赵立雨、师萍:《多中心治理理论:农村公共产品多元供给模式分析》,《未来与发展》2008 年第 8 期,第 35 页。

④ 金峰:《优化我国农村公共产品供给模式的对策建议》,《扬州大学学报》(人文社会科学版)2010 年第 3 期,第 45 页。

和相关的制度保障下,非政府主体能够参与农村公共产品的供给。已有的这些研究成果对我国农村公共产品供给的实践起到了较好的指导作用。

(2)已有研究成果存在的不足

第一,过多依赖国外公共产品理论,本土化理论创新不足,真正结合我国农村公共产品供给实际的具有创新性的研究成果并不多见。第二,对农村公共产品供给的政府、第三部门、私营部门和私人等不同主体参与供给的动力没有系统深入分析,因而在提出对策上比较宏观,针对性不强。第三,在涉及个人自愿供给研究中,更多的是共性研究,对农户有别于其他个人自愿参与供给的不同之处没有更多地涉及。具体来说,对农户参与农村公共产品供给的具体方式的关注较少,个别成果有所涉及,但论述也不够透彻;没有对农户参与供给的具体机制进行周密设计;对如何激发农户参与供给的积极性没有提出具体措施,更没有形成一个比较清晰和完整的理论分析框架。这些都在一定程度上造成了公共产品供给理论的缺失。

三、研究方法、思路与技术路线

(一)研究方法

“工欲善其事,必先利其器”对于科学研究同样适用。选择合适的研究方法是保证研究取得理想效果的前提。基于本专著的选题特点,主要使用了以下研究方法。

1. 文献研究法

首先,通过查阅书籍、报刊和论文期刊等相关纸质材料以及浏览下载中国知网、维普网和国内外相关政府部门网站等网络资源,收集国内外相关农村公共产品供给的资料,以此作为深化本书研究的必要理论支持和实践指导。其次,在开展调研之前,通过书籍和网络等渠道,对调研地区的政治环境、经济和社会发展状况进行深入了解,做到有的放矢,为顺利开展研究奠定坚实的基础。

2. 历史研究法

历史研究法是指通过查阅历史资料,对已发生的历史事实进行描述、解释和分析的方法。本书以历史的视角,对新中国成立 70 多年以来我国农户参与农村公共产品供给动力的具体情况进行回顾,从中总结出不同时期农户参与供给动力的具体体现及其不足之处,为本书的研究提供历史经验材料。

3. 实地研究法

实地研究法又称田野调查法,是一种深入到研究对象的实际生活中,以参与调查和非结构访谈的方式收集相关资料并对此进行定性分析,来理解和解释相关现象的社会研究方式。① 这种研究方法可以获得第一手资料,能更真实地呈现问题。针对本书研究的需要,一方面,进行问卷调查。根据拟定的研究目的精心设计调查问卷,问卷调查的对象要有典型性,要涉及农村居民和基层群众自治组织等。通过对问卷及时进行分析,以了解各调查对象对本研究所涉及内容的意见和建议。另一方面,要利用好访谈法。本研究选取山东省青岛、潍坊、威海、泰安、枣庄、菏泽和德州等地为调研地区,因为这七个市分别地处山东省的东、中、西部,具有代表性。在确定调研地区后,要多次深入农村,进行访谈,有目的、有计划、系统地搜集调研地区农户参与农村公共产品供给的相关历史和现实状况的材料,并对这些资料进行分析、综合和归纳,从而为本书的写作提供实践资料。

4. 定性分析与定量分析相结合方法

一方面,本书高度重视调研得来的数据,对相关数据进行整理和归

---

① 风笑天:《社会学研究方法》,中国人民大学出版社 2001 年版,第 238 页。

类,并在此基础上进行定量分析,梳理和总结出相关结论。例如,在论及当前我国农户参与农村公共产品供给的驱动力、内促力、支持力和外推力不足时,充分利用问卷调查所获得的数据来梳理和归纳出动力不足的具体体现。另一方面,本书从现实出发,对农户参与农村公共产品的供给形式、优势、必要性和可行性以及农户参与农村公共产品动力特性和动力不足的原因等有关问题加以定性判断,提出自己的看法和观点。

(二)研究思路

首先,在综述国内外相关研究文献和阐述相关理论的基础上,构建出农户参与农村公共产品供给的动力体系。其次,集思广益设计调查问卷并不断修改、完善,进而进行问卷调查和实地访谈。根据调研数据和访谈资料归纳总结出农户参与农村公共产品供给动力的现有体现和动力不足之处。再次,分析农户参与农村公共产品供给动力不足的具体原因。最后,在积极借鉴美国、法国、日本、韩国和印度等典型国家提升农户参与农村公共产品供给动力经验做法的基础上,就提升我国农户参与农村公共产品供给动力提出具体对策。

(三)技术路线

本书的技术路线如下:

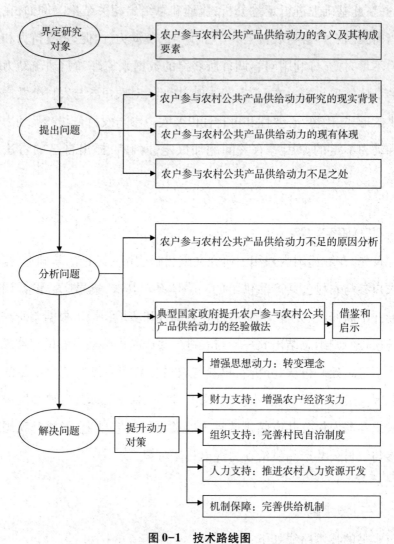

图 0-1　技术路线图

第一章　农户参与农村公共产品供给动力的界定、构成与理论基础

一、农户参与农村公共产品供给动力的相关界定

（一）农户

1. 农户的含义

在对农户的含义进行界定之前，必须首先了解农民的含义。因为农户是农民的家庭集合体，农民的个体特征在很大程度上决定着农户的基本特征。

关于农民的定义，国外大体上有三种意见和看法。一是从职业角度来定义，把农民看作历史上一切时代的个体农业生产者。作为一个职业概念，农民与渔民、工匠和商人等职业并列，是一个社会群体的职业特征，在法律上都是公民，只不过从事职业有别而已。二是从社会结构或社会形态的角度，认为"农民"是发展到一定阶段的文化体现者，也有把"农民"与"城市"、"农业社会"、"都市社会"相对应的意味。三是从阶级层面来解释，马克思主义者把农民定义为特定生产关系中的一个阶级，即中世纪的农民阶级。这个定义既不包括"农业社会"的非

农业生产者,也不包括非农业社会的农民(如当代美国农民)。[①]

我国历史上,很早就有"农民"的称谓,《谷梁传·成公元年》中提到,古有四民,即有士民,有商民,有农民,有工民,这意味着"农民"的称谓至少有两千多年的历史了。《说文解字》则曰:"农者,耕也,种也。""农民"顾名思义即指从事农业之人。当前国内对"农民"一词主要有多方面的理解。一是从职业群体角度对"农民"的定义。农民就是直接从事农业生产的劳动者,具有农业户口以农为主的种田人。除了从职业概念上界定农民,在我国农民更是一种身份概念,是制度强制赋予人群的身份符号。因为长期以来,我国人口是依照户籍制度以农业人口和工业人口即农民和非农民来区分的,国家依据这两种分类,规定了不同的工资、住房、社会保障、公共资源分配等政策与制度。

随着时代的发展,在农民身上出现了一些新的变化。这些变化主要表现在:一是从从事的活动来看,很多农民不再单纯从事农业生产,非农产业经营已占很大比例,甚至有些农民已不从事农业生产了。二是从居住地来看,农民不是全部居住在农村,已有一部分农民在城镇购房居住,但仍然从事与农业有关的工作。基于这一现实,学者阎志民认为,农民分为三个层次,一是指以土地等为农业生产资料,长期从事农业(种植、林、牧、副、渔业)生产的劳动者,这是狭义的农民;二是指属于农村户口,并从事广义农业生产经营活动的劳动者;三是指农村总人口,这是最广义农民(包括城市职工到农村承包荒山、荒地者)。[②]

基于农民的现有特征,可以将农户界定为:户口在农村,直接从事农业生产活动或者从事与农业相关的活动,参加农村集体经济组织,并

---

① 方江山:《非制度政治参与:以转型期中国农民为对象分析》,人民出版社 2009 年版,第 42 页。

② 阎志民:《中国现阶段阶级阶层研究》,中共中央党校出版社 2002 年版,第 116—117 页。

具有明确义务和权利的生产者的家庭集合体。目前,我国农户数量大约为2.3亿户,他们是农村经济和社会发展的主力军。

2. 农户的分类

随着经济的发展与农村产业结构的调整,当前我国农户在实际的生产生活中,出现了分化。依据农户的生产活动和经济收入来源的不同,可以将我国农户划分为以下五种类型。

第一,传统农户。这类农户仍然以农业生产为主,通常是耕种自家的责任田,规模较小,会出现劳动力过剩问题。在当前我国经济比较活跃的情况下,他们有着强烈的分化动因和倾向,非常容易转化成为从事非农产业的农户。

第二,农业专业户。他们主要从事农业某一产业的专业化生产。当前不少村庄中,出现了养猪专业户、养鱼专业户、蔬菜种植专业户和种粮大户等。他们是通过规模经营,实现经济效益。

第三,经营性农户。这类农户通常在农村从事某种与农业生产或农民生活直接相关的第二、三产业生产活动。例如,经营农业生产工具和农村生活用品等。

第四,半工半农型农户。他们通常在农忙时在家从事农业生产,在农闲时在外务工,但务工收入已成为家庭收入的主要来源。从数量上看,目前半工半农型农户是所有农户类型中人数最多的一种。

第五,非农农户。他们户口在农村,但已不从事农业生产活动,而在城镇中从事小规模的工商经营、资产经营或务工劳动等。

(二)农村公共产品

1. 农村公共产品的含义及其特征

(1)农村公共产品的含义

在界定农村公共产品的定义之前,首先则要弄清楚公共产品的概念,而要界定好公共产品的概念,则必须区分出它与公共事务和公共服务之间的异同。

"事务"英文的对应词为 affairs、routine、work,"公共事务"一般称作 public affairs,公共事物、公共事业都可以纳入公共事务的范畴。中西方学者对其内涵做了界定。奥斯特罗姆夫妇把公共事务界定为提供公共物品或公共服务。汪玉凯指出,公共事务是指涉及全体社会成员的共同利益、关系其整个生活质量的相关活动及这些活动的最终结果。① 董晓宇认为,公共事务是指与一定地域内多数成员利益普遍相关,如公共安全、公共服务、公共产品的供给等的活动。它的成本由社会共同承担、收益由社会共同享有。②

"服务"英文的对应词为 service,"公共服务"则称为 public service。"公共服务"概念最早是由法国著名思想家莱昂·狄骥于1921年提出的。他将其界定为:公共服务就是一项为了实现与促进社会团结,而必须由政府来加以规范和控制的活动。③

与公共事务和公共服务相比,公共产品在范围和形态上存在着差异。"公共产品"(Public Goods)首先由瑞典著名财政学家埃里克·罗伯特·林达尔于1919年提出,并建立了林达尔模型。1954年,罗伯特·萨缪尔森在《公共支出的纯理论》中对公共产品做出权威的定义,认为公共产品就是具有消费非排他性和非竞争性等特征的产品。1965年,詹姆斯·布坎南在《俱乐部的经济理论》中,首次提出了介于纯公共产品与私人产品之间的俱乐部产品,俱乐部产品只具有排他性,而不具有竞争性。1993年,约瑟夫·斯蒂格利茨在《经济学》一书中认为公

---

① 汪玉凯:《公共管理基础问题研究》,《中国行政管理》2001年第11期,第20页。
② 董晓宇:《公共利益、公共事务与公共管理》,载刘熙瑞主编,《中国公共管理》,中共中央党校出版社2004年版,第32页。
③ 李军鹏:《公共服务学》,国家行政学院出版社2007年版,第33页。

共物品是指在增加一个人对其分享时,不会增加额外成本,而排除一个人对其分享却要付出巨大成本的产品。① 这些阐述使得公共产品内涵变得日益丰富。

从以上论述可以看出,国外对公共产品含义的界定比较多,但由于国外城乡差距相对较小,农村公共产品供给问题不显得突出,国外并没有"农村公共产品"这一专用概念。因而,可供我们参考的文献较少。而我国学者对农村公共产品含义的论述比较多,多数是按照萨缪尔森的说法,从其非竞争性和非排他性来进行界定。

本书认为,想要对农村公共产品的含义做出客观全面的界定,首先,从收益范围角度来界定。农村公共产品不是面向所有地区和所有公民,而是面向"三农",是为了满足农村经济发展、农业生产和农民日常生活需要而提供的。其次,从研究对象的物质形态来定义。农村公共产品是有形的产出,它的生产和消费可以在时间和空间上分离,不同于农村公共服务,因为农村公共服务的生产与消费是一体的。最后,从不同供给主体来界定。政府、非政府组织和私人都可以成为农村公共产品供给主体。

因此,基于上面的几点考虑,可将农村公共产品界定为:不同于农村私人产品,为满足农村发展、农业生产以及农民日常生活所需,由政府、非政府组织和私人等主体提供的具有非排他性、非竞争性和较强收益外溢性的农村物品。

(2)农村公共产品的特征

作为公共产品的一种类型,我国农村公共产品具有一般公共产品的收益非排他性、消费的非竞争性和效用的不可分割性等特征。除此之外,还有一系列反映当前我国农村经济发展现状的其他一系列的

---

① [美]斯蒂格利茨:《经济学》上册,高鸿业等校译,中国人民大学出版社1997年版,第147页。

特征。

第一,公共性。公共性主要体现为农村公共产品是为了满足全体农民共同需求而被提供的,农户无法独享某一种公共产品。公共性特征使私人供给者个人的供给收益回报小于供给成本,因而,在农村公共产品供给中会出现市场失灵,这决定了农村公共产品不能完全由私人来提供。

第二,生产分散性。我国幅员辽阔,众多农村人口分散在全国四万多个乡镇,居住分散,居住条件差异很大,有的生活在平原上,有的在丘陵地带,有的在高山上,还有的在海边。同时,不同村民的经济水平存在差异,因而,对公共产品的需求体现出分散性和多样性。这就决定了对农村公共产品的供给和管理要更加灵活多样。①

第三,供给低效性。我国农村地域辽阔、农民居住分散,许多农村公共产品,如农村道路、电网和通信系统等的建设,因投入大、利用率低,导致其投资回报率低、收回投资时间长且相对困难。因而,与城镇公共产品供给相比,农村公共产品供给的边际收益明显偏低。但农村的建设、农业的生产和农民的生活等都离不开这些公共产品的供给,所以,即使供给效益低下,政府等供给主体也应该采取措施保障农村公共产品的有效供给。

第四,较强的正外部性。一方面,农村纯公共产品的受益范围具有外溢性。如大江大河治理和大型水利工程的修建不仅可以增强本地和本流域的抗灾害能力,而且也有利于全国生态功能的恢复和生态环境的改善。再如,某地农业病虫害的有效防治不仅可以使本地的病虫害得到有效控制,还可以防止病虫害的扩散,避免了周边地区的农作物遭受害虫的侵蚀。另一方面,农村道路、电网工程和自来水工程等准公共

---

① 李燕凌:《农村公共产品供给效率论》,中国社会科学出版社 2007 年版,第 52 页。

产品的提供,不仅可以改善农村居民生产和生活的条件,而且还会产生消费效应和就业效应,带动农村消费,拉动经济增长。因而,相对于城市公共产品而言,农村公共产品具有较强的正外部性。

2. 农村公共产品的分类

依据不同的分类标准,农村公共产品可以分为不同的类型,主要有以下几种分类方法。

(1) 依据性质分类

按照消费竞争性和收益排他性的程度不同,农村公共产品可分为农村纯公共产品和农村准公共产品。前者是指在消费过程中具有完全非竞争性和非排他性,需要政府提供的产品,如农村义务教育、农村公共安全和农村环境保护等。后者是指性质上介于纯公共产品与私人产品之间,通过混合供给提供的产品。主要包括:像公共卫生、社会保障和农业科技成果推广等在性质上接近纯公共产品的农村准公共产品,像乡村道路建设、水利设施建设和农村高中教育等一般性的农村准公共产品以及像农村电视、自来水和小型水利灌溉设备等在性质上接近私人产品的农村准公共产品。现实中的绝大多数农村公共产品是以准公共产品的形式存在的。①

(2) 依据服务范围分类

按照服务范围的大小,农村公共产品可分为全国性、地区性和社区性农村公共产品。全国性农村公共产品受益的范围是全国性的,主要是指全国农村居民都享有的,跨省、跨流域、跨行业的大型农村公共产品。例如,大型水利工程、农业气象服务和农村义务教育等。地区性农村公共产品受益范围是限制在某一地区,例如,各地的小型防洪防涝工程、各地的农业生产性补贴等。而社区性农村公共产品

---

① 于水:《乡村治理与农村公共产品供给》,社会科学文献出版社 2008 年版,第33—34页。

的受益对象以社区内为限,涉及农村社区道路、路灯和村内环境治理等。

（3）依据具体形态分类

按照公共产品形态的不同,可将农村公共产品分为资源形态、物质形态、制度形态和服务形态的公共产品。资源形态的农村公共产品包括公共池塘和公共灌溉水源等;物质形态的农村公共产品包括道路、桥梁和农业基础设施等;制度形态的农村公共产品包括各种地方法规和地方乡镇村条例等;服务形态的公共产品包括农业科技信息、公共卫生、义务教育、养老保险和医疗保险等。[1]

（4）依据供给领域分类

按照供给领域的不同,农村公共产品可分为农业生产类、农村生活类和农村社会保障类公共产品。农业生产类公共产品涉及生产基础设施供给和生产服务供给等。前者包括农田水利灌溉、江河治理和自然灾害防治等,后者包括农业气象服务、病虫害防治和农业生产活动的引导等。农村生活类公共产品包括农村交通、农村水电网建设和农村通信建设等。农村社会保障类公共产品包括农村义务教育、农村养老保险、农村优抚和农村医疗卫生等。[2]

上述四种分类方法各有特色,对分析农村公共产品供给问题不无益处。不过,结合本书的写作内容,笔者在本书的写作中,以第四种类型,即依据农村公共产品供给领域分类为标准,来论述农村公共产品供给的相关问题。

---

[1] 赵春江、李江:《新农村建设中公共产品供给问题研究》,中国物资出版社 2011 年版,第 35 页。

[2] 鄢奋:《农村公共产品供给的问题与对策》,社会科学文献出版社 2011 年版,第 34 页。

（三）农户参与农村公共产品供给

1. 农户参与农村公共产品供给的内涵及其特征

（1）农户参与农村公共产品供给的内涵

"参与"一词在《现代汉语词典》中被解释为"参加（事务的计划、讨论、处理）"。马克思则说："人们为之奋斗的一切，都同他们的利益有关"。① 对于农户来说，同样不例外，其行为活动都是为自身的利益而为的，由此可见，农户参与是指农户为了自己实现自己的权益而主动参与到社会公共事务的计划、讨论、决策和实施中去的行为。

农户是农村公共产品供给的直接受益者，农村公共产品供给与其利益相关，因而，他们对供给事务比较关注，愿意参与到供给的相关环节中去。据此，可把农户参与农村公共产品供给定义为：为了更好地满足对农村公共产品的需要，农户以不同方式，自愿参与到农村公共产品供给的决策、筹资、监督以及建成后管护等环节中去的行为。②

（2）农户参与农村公共产品供给的特征

第一，补充性。政府作为公共利益的代表且以税收等方式获得相应的财政收入，在农村公共产品供给中理应担负起供给的主要职责，特别是要承担起受益范围广、纯度高、投资额大和技术性强的农村公共产品供给。农户由于受资金和技术等因素的限制，通常只参与受益范围小、规模小、技术含量较低且对农户自身利益较大的"俱乐部"性质公共产品，是对政府供给的有益补充，具有"拾遗补缺"的特点。例如，农户参与乡村道路建设和小型水利设施建设等。因为乡村道路和小型水利设施建设需求资金不太多和对技术要求不高，且道路和水利设施最主要的受益者还是农户自身，在这种情况下，可以依靠农户集资方式或

---

① 《马克思恩格斯全集》第 1 卷，人民出版社 1956 年版，第 82 页。
② 孙冠花：《农村公共产品供给中的农民参与问题研究》，2011 年天津商业大学硕士学位论文，第 15 页。

村集体经济等进行供给。

第二,不可或缺性。农户参与农村公共产品供给是供给主体多元化的重要体现,顺应了社会治理变革的大趋势。从具体过程来看,农户参与供给决策可以提高供给决策民主化水平,也是农户参与农村社区治理和基层民主政治活动的一个重要途径。农户参与供给筹资是缓解供给资金不足的有效措施,是农户尽快获得自己所需的农村公共产品的一种理性选择。农户参与供给监督是保障农村公共产品供给顺利开展,实现有效供给的重要手段。而农户参与建成后的管护则可以有效保障基础设施类农村公共产品的正常运转,提高其使用效率。可见,农户参与农村公共产品供给具有不可或缺性。

第三,强目的性。长期以来,作为主要供给主体的政府与供给受益者的农户之间沟通交流渠道不够畅通,常常会出现农村公共产品的供需信息不对称的情况,造成供给效率的低下。而农户是农村公共产品的直接消费者和受益者,能否获得自己所需的农村公共产品将直接关系到农户生产生活质量的高低。因而,农户参与供给必然会以满足自身的实际需求为目的,体现出强烈的目的性。

第四,参与方式的多样性。农户参与农村公共产品供给既可能完全单独出资提供公共产品,如富裕农户个人出资修路,造福他人。农户也可能通过专业合作社和专业协会进行团队供给,如某村苹果生产合作社,为了合作社社员的苹果能舒畅地运出村外,由合作社全体成员集体出资修建出村道路等。农户还可能通过村民自治组织召集村庄全体农户进行集体供给。这种方式最为常见,一般是以"一事一议"的形式进行,涉及村内大多数农村公共产品供给事项。

2. 农户参与农村公共产品供给的具体环节

农户参与农村公共产品的供给是一个全方位参与过程。只有全程参与,农户才能知晓"供给什么"、"如何供给"、"供给效果如何",从而才能提供出农户自身需要的公共产品。总的看来,农户参与农村公共产品供给可分为以下几个具体环节。

（1）参与供给决策

参与农村公共产品供给决策是指农户对有关农村公共产品供给种类、数量和形式等的不同方案进行分析、判断,最终选择最优方案的行为。当前农户参与决策的主要形式是对农村公共产品供给进行"一事一议"。决策环节是供给过程的核心,直接决定着供给的成败。

（2）参与供给筹资

参与农村公共产品供给筹资是指农户参与对农村公共产品供给所需资金筹措的行为。这是供给中重要的环节。因为当前我国农村公共产品供给资金普遍不足,而多数农村公共产品属于准公共产品,受益范围固定于本村农户,所以,农户参与农村准公共产品供给的筹资是不可避免的。而筹资直接涉及个人的经济利益,农户对此关注度较高。筹资环节能否顺利开展,直接影响到农户参与农村公共产品供给能否顺利进行。

（3）参与供给监督

参与农村公共产品供给监督主要是指农户参与对农村公共产品供给资金支配和供给质量进行监督的行为。这一环节是保障农村公共产品供给资金合理使用和确保供给质量的重要措施。

（4）参与建成后的管护

参与农村公共产品建成后的管护是指农户参与对建成后的农村公共产品的日常管理和维护的行为。农村公共产品是一种有形的物品,与农户的生产和生活息息相关,例如,农田灌溉水渠与农业生产直接相关。它建成之后能否得到合理的管护,将直接影响到灌溉水渠作用的发挥。因而,参与对农村公共产品建成后的管护也是参与供给的一个重要环节。

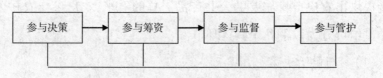

图1-1　农户参与农村公共产品供给具体环节

(四)农户参与农村公共产品供给动力

在界定农户参与农村公共产品供给动力之前,首先必须了解何为"动力"。

1. 动力的含义与类型

动力原为力学中常见的名词,是指为使机械做功的各种作用力,如水力、风力、电力、热力等。后来动力被运用到管理学中来,其内涵得到扩展,比喻对工作、事业等前进和发展起促进作用的力量。本书主要探讨的是后一种动力。

依据不同的标准,可将动力划分为不同的类型。第一,基于动力产生原因的不同,可将动力分为内部动力和外部动力。所谓内部动力是指产生于事物内部的能促使事物发生变化的力量,而外部动力则指来自事物外部的能促使事物发生变化的力量。第二,基于动力作用于事物上的方式的差异,可将动力划分为直接动力和间接动力。直接动力是指直接作用于事物上的能直接导致事物发生改变的力量,而间接动力是指间接地作用于事物上的可在一定程度上影响事物变化的力量。第三,基于动力对事物发展的作用强度不同,又可将动力划分为主导动力与辅助动力。主导动力是指可以决定事物发展的方向,进而对事物发展起到根本性作用的力量,而辅助动力是指虽然不能决定事物的发展方向,但对事物发展能起到辅助性作用的力量。①

---

① 王建廷:《区域经济发展动力与动力机制》,上海人民出版社2007年版,第117—118页。

2. 农户参与农村公共产品供给动力含义

(1)定义之前需明确的问题

对农户参与农村公共产品供给动力含义的准确界定,必须要明确以下三个问题:第一,动力主体问题。农户参与农村公共产品供给动力主体看起来一目了然,主体就是农户,但应明确农户的确切含义和范围。因随着农村经济的发展,农户也在逐步分化。当前有部分农户仅仅是户籍在农村,但常年在城市从事非农产业工作,其农户特征不明显,因而,本书更多是关注常年在农村主要从事农业或与农业相关产业活动的农户。第二,动力的目标指向问题,即主体产生参与供给动力是为了实现什么样的目的。从现实来看,农户产生参与农村公共产品供给动力主要原因在于为了实现农村公共产品有效供给的目的,获得自己所需的农村公共产品。第三,动力属性问题。农户参与农村公共产品供给动力是各种力量的综合,是内外部动力的集合体。

(2)农户参与农村公共产品供给动力的具体内涵

结合农户参与农村公共产供给的内涵和动力的一般含义,可将农户参与农村公共产品供给动力的含义界定为:基于实现农村公共产品有效供给的目的,通过合作供给或市场供给或个人单独供给等方式,农户自愿参与到农村公共产品供给的决策、筹资、监督以及建成后管护等环节中去而产生的内外部各种力量的集合体。

3. 农户参与农村公共产品供给动力的分类

(1)依据动力产生原因分类

依据动力产生的原因不同,农户参与农村公共产品供给动力可以划分农户参与供给内部动力与农户参与供给外部动力两类。农户参与供给内部动力是指在农户内心产生的促使其参与供给的力量,而农户参与供给外部动力则是指来自农户自身以外的促使其参与供给的力量。这种划分方法是基于农户产生参与供给动力的内外因之间的辩证关系而划分的,全面揭示了动力的本质特征。

(2)依据动力作用方式分类

依据动力作用方式的不同,可将农户参与农村公共产品供给动力分为农户参与供给直接动力与农户参与供给间接动力。农户参与供给直接动力是指直接促使农户参与供给的力量,而农户参与供给间接动力则是指间接推动农户参与供给的力量。因作用方式的差异,在供给中直接动力和间接动力产生的效果会有很大不同。

(3)根据动力作用强度分类

根据动力作用强度的大小,农户参与农村公共产品供给动力可分为农户参与供给主导动力与农户参与供给辅助动力。农户参与供给主导动力是指在促使农户参与供给的各种力量中具有根本性作用的那些力量,而农户参与供给辅助动力指在促使农户参与供给的各种力量中处于次要性地位的那些力量。在探讨提升农户参与供给动力时,辨别不同动力作用强度的大小不同,便于确保措施的针对性和有效性。

上述三种有关农户参与农村公共产品供给动力类型的划分为我们深入分析农户参与供给动力,制定提升农户参与供给动力的相关制度和政策提供了重要依据。不过,结合本书写作的实际情况,在本书后面的有关论述中,主要涉及的是第一种分类方法。

4.农户参与农村公共产品供给动力特征

(1)集合性

第一,农户参与供给的各种具体动力在各级政府、基层群众自治组织和农村合作组织等的引导下,会相互渗透和相互融合,形成参与供给的内部性动力合力。第二,推动农户参与供给的经济、体制、政策、人力和外部环境等因素也会相互渗透和相互融合,最终聚合为农户参与供给的外部性动力合力。第三,农户参与供给的内部性动力与外部性动力相互作用、相互渗透,可以形成一种大于内部性动力与外部性动力之和的整体性动力。

（2）动态性

构成农户参与供给动力的各种具体动力不可能长期处于静止状态。这些具体动力作用的大小会随着时间推移和外部环境的变化而变化，不同动力的力量有一个此消彼长的过程。有的具体动力会逐渐减弱，甚至消失，有的具体动力则会增强，此外，还会有新的动力因素的不断增加。

（3）方向性

农户参与供给的各种具体动力有一个与农村公共产品供给发展方向是否一致的问题。当农户参与供给的某一种具体动力与农村公共产品供给要求一致时，则会表现为正向动力，但也有可能随着时间的推移和环境的改变，这种动力会逐渐偏离农村公共产品供给需求方向，直至其与供给需求方向相反，那么，它则表现为负向动力，即成为供给阻力。

二、农户参与农村公共产品供给动力体系的构成

（一）农户参与农村公共产品供给动力体系构建的依据

农户参与农村公共产品供给动力涉及心理、物质、精神和环境等因素，是一个较为完整的体系。分析和构建农村公共产品供给动力体系需要有相关的理论依据。多年来，心理学家们从不同的角度关注人的行为，分析人的行为的纷繁复杂的外在表现，其中不乏从动力角度去揭示人的行为产生的具体原因的理论。以下几种行为动力理论就是从动力角度分析人的行为产生的具体原因。

1. 本能理论

本能理论是最早出现的行为动力理论，詹姆斯、麦独孤和弗洛伊德

等人对本能进行了深入研究。詹姆斯（W.James）认为，人的本能是一种不需要经过教育和训练就能自动完成的动作官能，可分为生物本能和社会本能两种。麦独孤（W.McDougall）认为，本能是人类行为的非理性的策动力，是人类一切思想和行为的基本源泉和动力。社会只是一种人们与生俱来的、大体相似的本能趋向的结果。弗洛伊德（S.Fruad）认为，人有包括饮食、性、自爱和他爱等在内的生的本能和包括仇恨、侵犯和自杀等在内的死的本能。这两种本能在无意识中并存，驱使人的日常行动。上述三位学者的共同观点是人的行为主要不是受理性支配，而是受人体内在的生物模式驱动。

虽然本能对人的自然动机起着主导作用，但在现实生活中，人的单纯的自然动机几乎是不能独立存在的，人的动机通常是自然动机和社会动机的结合。本能论只能从理论上对自然动机进行解释，而没有对社会动机进行解释，因此，本能论不能科学全面地解释人的行为产生的原因。

2. 驱力理论

驱力理论最早是由美国心理学家霍尔（G.S.Hall）于 20 世纪 20 年代提出，而对驱力理论进行更深入研究的学者则是美国心理学家赫尔（C.L.Hull）。赫尔认为，当有机体的需要没有得到满足时，在其内部便会产生内驱力的刺激。内驱力分为原始性内驱力和继发性内驱力两种。原始性内驱力包括饥饿、口渴、睡眠、性交和回避痛苦等，它是有机体与生俱来就有的；继发性内驱力是由责任感等后天形成的社会性需要所产生的。无论是原始性内驱力还是继发性内驱力都能激起有机体的行为。有机体的行动可降低需要或内驱力所引起的紧张状态。在内驱力降低的同时，行动则得到强化，可见，使驱力降低是行为发生的主要原因。

与本能论相比，驱力理论在认识上更深入，认为需要是形成行为动力的主要内部因素。与兴趣、爱好、价值观和人生观等其他推动人们从事各种活动的动力因素相比,需要是最根本的,是其他动力因素的基础。需要能使人朝着一定的目标去努力,以行动求得满足。可见,需要是个人产生行为动力的源泉。但是,驱力这种内在的动力仍不能构成动机的全部,它没有考虑促使人的行为发生的外部因素,因而,驱力理论并不能对人类行为产生的原因做出完整的解释。

3. 诱因理论

20 世纪 50 年代,一些学者认为,驱力理论不能解释所有的行为,它忽略了外在环境在引发行为上的作用。同时,学者们指出诱因在唤起行为时也起重要作用,诱因是个体行为的一种能源,可以促使个体去追求目标。它有唤起个体行动和指导行动方向两种功能。这种理论强调了外部刺激在引起动机方面的重要作用,弥补了驱力理论的不足。[1]

因而,由驱力理论和诱因理论为主体构成的行为动力理论认为,个体行为动力是内在驱力与外部诱因共同作用的结果。这意味着,我们在分析个体参与某种活动的动力时,必须要深入探究该个体的内在驱动力和外部诱因具体要素有哪些,并对这些要素的作用力大小进行评估,为全面揭示个体行为动力提供条件。农户参与农村公共产品供给行为同样受内外多种因素的影响和制约。如何激发农户参与供给? 这要求我们重视农户参与供给动力的研究,注重依据行为动力理论挖掘农户参与供给的内在驱力与外部诱因具体有哪些。可见,行为动力理论为分析和探讨农户参与农村公共产品供给动力提供了重要的理论依据。

(二)农户参与农村公共产品供给动力体系的具体构成要素

农户参与农村公共产品供给动力是一个复杂的系统,涉及心理、经

---

① 姚本先:《心理学》,高等教育出版社 2005 年版,第 77—79 页。

济、政治、文化和社会等多种因素。借鉴驱力理论和诱因理论等的精髓,笔者认为其应主要包括以下四个方面的动力。

1. 驱动力

(1) 含义

所谓农户参与农村公共产品供给的驱动力,是指农户为获得自己满意的农村公共产品供给,内心所希望满足的各种需求结合在一起推动产生的力量。从性质上看,它属于农户参与供给动力中的源动力。其他动力推动农户参与供给通常是通过对驱动力的强化而实现的。

(2) 具体要素构成

第一,体现意愿需求。农户是农村公共产品的使用者和受益者,他们期望的是获得自己所需的农村公共产品。当农户认为只有自身参与到供给中去,才可能获得自己满意的农村公共产品时,他们便产生了参与供给的动力。

第二,获利需求。由于部分农村公共产品属于准公共产品,这些农村公共产品可以通过市场手段,通过使用者付费形式来实现供给。富裕农户具有较充足资金,为了能够获利,他们便有参与农村公共产品市场化供给的动力。

第三,提升生活质量需求。随着经济的发展和农户整体收入水平的不断提高,农户对生活质量有了更高的要求,因而,他们对农村公共产品供给的质量有了更高的要求。当农户认为只有参与到供给中去,才能获得高质量的农村公共产品供给时,便有了参与供给的愿望。

第四,民主需求。农户民主意识在不断增强。当他们意识到参与农村公共产品供给可以锻炼和提升自己的政治参与能力,同时,又认为这是实现民主权利的一条重要途径时,便有了参与供给的动力。

(3) 特征

第一,根本性。从行为动力学的角度来看,满足需求是个体产生动力的主要根源。对于农户参与农村公共产品供给来说,满足他们对供给的各种需求是他们产生供给的动力之源。

第二,隐蔽性。农户参与农村公共产品供给的驱动力来自农户内心,只有通过农户参与供给的行为,才能使其得以体现。在现实中,由于农户受各种因素的影响,驱动力往往难以有效体现。

第三,发展性。农户对农村公共产品供给的各种需求动力会长期存在。一方面,其需求的种类有不断增多的趋势。另一方面,其需要的水平层次随时间的推移有不断提高的趋势。

2. 内促力

(1)含义

所谓农户参与农村公共产品供给的内促力,是指促使农户有效参与农村公共产品供给的具体环节,提高农户参与农村公共产品供给满意度和效率的各种内在力量的总和。从性质上看,它也属于农户参与供给动力中的内部动力。

(2)具体要素构成

第一,决策民主。供给的民主决策是农户获得满意的公共产品供给的前提。实现农村公共产品的民主决策,不能是政府单一决策,需要实现供给决策主体的多元化。农户为了获得满意的农村公共产品供给,则会有参与民主决策的动力。

第二,筹资顺畅。对于农村公共产品供给,特别是,农村社区公共产品供给来说,其供给资金无法全部由政府来提供,需要其他供给主体参与供给筹资。否则,供给活动就无法开展。农户为了筹资的顺畅,使供给活动能得以开展,而产生参与供给筹资的动力。

第三,监督有力。对农村公共产品供给进行有力监督是保障农村公共产品供给效率的重要保障。农户为了使自己获得满意的农村公共产品,则需要避免或减少供给中不当行为的发生。避免或减少供给中不当行为的出现则要求做到对农村公共产品供给监督有力。在此情形之下,农户便有参与农村公共产品供给监督的动力。

第四,管护到位。管护到位是保障农村公共产品供给建成后正常使用的重要手段。农户参与建成后的管护具有其他主体不具有的优势。农户为了自己能正常使用公共产品而产生参与建成后管护的动力。

(3)特征

第一,派生性。因为农户只有参与供给的驱动力,才会愿意参与供给并对供给的具体环节进行关注,才会有去提高供给各环节效率的动力。因而,农户参与供给的内促力具有派生性的特征。

第二,强度差异性。农户在参与农村公共产品供给的不同环节时,会存在内促力强度的差异。有的农户对参与供给决策具有很强的愿望,而有的农户则可能对参与供给监督更加关注,所以,就会在这些供给环节上产生不同的动力强度。

3.支持力

(1)含义

所谓农户参与农村公共产品供给的支持力,是指能有效帮助和保障农户顺畅地参与农村公共产品供给的各种力量的总和。从性质上看,它属于推动农户参与供给的外部动力。

(2)具体要素构成

第一,财力支持。财力支持主要涉及农户自身的经济水平对参与供给的承受度以及政府和金融机构对农户参与供给的财力支持情况等。农户自身经济实力如果过弱,还在为生活奔波,则难以拿出供给资金去参与供给筹资,这必然影响到供给的顺利开展。如果政府对参与供给项目没有给予相应的财政投入或者金融机构没有向农户提供有力的信贷支持,那么农户也难有单独进行供给的动力。

第二,智力支持。智力支持涉及农户自身的素质、农户参与供给的意识强弱和村庄精英的示范、组织领导情况等。农户具有一定的文化水平是其参与供给的重要前提。如果文化水平过低,对参与供给方式和参与供给流程等将难有充分理解,其参与供给动力会不高。农户参与供给的意识强说明他们对参与供给的重要性有很深的认识,可能意识到参与供给是他们的一项权利,这时会有参与供给的动力。村庄精英的示范和组织领导会更容易激发农户参与供给的动力。

第三,制度支持。制度支持主要包括村民自治制度及其保障农户参与供给的决策、筹资、监督和管护制度等对供给的支持。作为农村公共产品供给重要组织者的村民组织其自治制度是否完善,将影响到它组织农户参与供给能力的发挥。保障农户参与供给的决策、筹资、监督和管护制度等是否完善,将影响到农户在供给中作用的发挥。如果相关制度无法保障农户有效参与供给,那么农户就难有参与供给的动力。

第四,政策支持。政策支持主要包括决策政策支持、筹资政策支持、监督政策支持和管护政策支持等。决策政策支持指政府制定有关供给决策的规定为供给决策提供政策保障的行为。筹资政策支持指政府制定有关供给资金筹措的规定为供给筹资提供政策依据的行为。例如,2007 年,《村民一事一议筹资筹劳管理办法》(国办发〔2007〕4 号)的颁布为农户参与供给的筹资筹劳提供了政策支持。监督政策支持指政府制定有关供给监督的政策为农户参与供给监督提供政策保障的行为。管护政策支持指政府制定有关管护政策为农户参与建成后的管护提供政策依据的行为。健全有力的政策支持可以显著降低农户参与供给的阻滞成本,为农户参与供给提供良好的参与空间。① 可见,政府政策支持是否有力对推动农户参与供给具有很大的影响。

---

① 黄永新:《农村社区公共产品的农民自主治理——基于行为认同与合作组织的视角》,西南财经大学出版社 2017 年版,第 106 页。

第五,技术支持。技术支持主要包括对农村公共产品的生产、使用和维护等方面提供相应的技术标准和技术指导等。各级政府与有关社会组织只有对农村公共产品,特别是,基础设施类公共产品的生产、使用和维护等方面提供统一规范的技术标准和合理及时的技术指导,才能避免因技术问题而导致建成后公共产品无法使用或损坏后无法及时维护的问题,实现农村公共产品供给效益的最大化。

(3)特征

第一,显性化。农户参与供给的支持力属于供给的外部支持,农户获得哪些方面的支持以及支持的力度如何相对容易感知、辨别和把握。

第二,多样性。农户参与供给的支持力涉及经济、制度、政策和技术等多个层面,是多方面力量的综合,显示出多样性的特征。

4.外推力

(1)含义

所谓农户参与农村公共产品供给的外推力,是指有助于引导和推动农户参与农村公共产品供给的各种外部环境聚集而形成的力量。从性质上看,它也属于推动农户参与供给的外部动力。与支持力相比,它更显示出间接性。

(2)具体要素构成

第一,新农村建设。社会主义新农村建设是党针对我国农村发展而提出的一项战略目标,对改善农村面貌,推动城乡协调发展具有重要意义。新农村建设的生产发展、生活宽裕和村容整洁等具体目标的实现都离不开加大对农村公共产品的供给。新农村建设能否顺利推进关键在于对农村公共产品的投入是否及时到位。由于政府财力和自身的不足等因素的限制,无法依靠政府单独建设新农村,实现建设目标。作为农村社会主体的农户对新农村建设的目标早日实现有着很大的期待。因而,新农村建设的目标驱使和推动农户参与农村公共产品供给。

第二，城乡一体化。城乡一体化就是要把城市与乡村、城乡居民作为一个整体，实现城乡在规划建设、政策措施和社会事务发展等方面的一体化。其中一个重要方面是城乡获得公共产品供给的均等化。当前城乡公共产品还无法做到均等化供给的现状会促使农户参与农村公共产品供给，尽力推动均等化供给的早日实现。

第三，农村经济发展。农村经济发展可使农户的整体收入水平有大的提高，这为农户参与供给，特别是，参与供给筹资，提供了经济基础。这可促进和推动农户参与农村公共产品供给。

（3）特征

第一，宏观性。从本质来看，农户参与供给的外推力主要是指外部环境对农户参与供给行为的推动作用，是从宏观层面对农户参与供给行为的推动。

第二，间接性。在农户参与供给中，外部推动力是在外部对农户参与供给起到助推作用，具有间接性。

综上所述，农户参与农村公共产品供给动力的构成要素可分成驱动力、内促力、支持力和外推力四类，其中前两者属于内部动力，而后两者属于外部动力。在四大动力的基础上，又可将供给动力细化成体现意愿需求和获利需求等十六个具体要素。

三、农户参与农村公共产品供给
动力研究的理论基础

研究农户参与农村公共产品供给动力问题必须要从中外有关思想理论中获得借鉴，这些思想理论包括政府治理理论、理性行动理论、人本思想与系统理论等。下文就这些相关理论一一进行解释，为研究农户参与农村公共产品供给动力提供理论基础。

(一)政府治理理论

政府治理(governance)又可直接称之为"治理","治理"概念源自古典拉丁文"引领导航"(steering)一词,原意是控制、引导和操纵。它隐含着一个政治进程,即在众多不同利益共同发挥作用的领域建立一致或取得认同,以便实施某项计划。① 20 世纪 90 年代,政府治理理论在全球兴起。1995 年,全球治理委员会发表的《我们的全球伙伴关系》研究报告对治理做出了较为权威性定义,认为治理是各种公共的或私人的机构管理其共同事务的各种方式的总和。它被视为一种与传统公共行政迥然不同的新典范,是实现公共服务效益、效率和公平的基本工具。其基本观点有:

1. 治理实行的是多元主体的共治

治理作为一种过程,摆脱了传统统治下的由上而下的层级节制体系,政府不再是唯一的主体,市场化组织、非政府组织和个人等都可以直接或间接地参与各种治理行为,成为进行社会管理、提供公共服务的主体。在治理过程中,各种社会治理主体之间形成相互补充、共同治理的格局。②

2. 治理是建立在信任与互利基础上

不同的治理主体之所以能共同参与,是以治理主体间的信任与互利为基础的。只有治理主体间的充分信任,主体间才能就公共事务的处理进行信息交流,群策群力,制定政策,共同实施方案。同时,不同主体间进行合作治理还应以互利为基础。治理主体间的互惠互利是治理主体参与治理的前提,也是实现治理主体地位平等的重要前提。

3. 治理是一种合作网络

治理是一个上下互动的管理过程,主要通过合作、协商和伙伴关系

① 俞可平:《治理与善治》,社会科学文献出版社 2000 年版,第 16—17 页。
② 肖扬伟:《政府治理理论兴起的缘由、特征及其中国化路径选择》,《清江论坛》2008年第 3 期,第 43 页。

等方式实施对公共事务的管理。它的顺利运行主要不是依靠政府的权威,而是合作网络的权威。其权力向度是多元的、相互的,而不是单一的或自上而下的。①

供给农村公共产品是政府承担的一项重要公共事务,但单一政府主体无法做到对农村公共产品进行有效供给。因为政府不是农村公共产品的使用者,其供给决策无法很好体现农户的意愿需求;政府供给资金的有限性使得一些农村公共产品无法得到及时供给;政府也无法对建成后的农村公共产品进行全方位的管护。而农户是农村公共产品的直接受益者,有参与供给的动力。这意味着政府可以与其他主体,特别是,农户进行合作治理。政府治理理论为政府与农户合作提供农村公共产品提供理论基础。在供给主体上,政府可通过物质和精神等手段激励农户,让其参与到供给中来,实现供给主体的多元化。在参与供给主体的地位上,政府与农户的地位是平等的,两者关系可以是合作关系或者引导与被引导关系,但绝不能是领导与被领导关系。农户和政府以合作治理的形式共同对农村公共产品进行供给,并且政府给予农户参与供给相应引导和支持,这是农户正常参与供给的重要保障。只有这样,才能使农户有参与供给的动力。

(二)理性行动理论

理性行为理论(The Theory of Reasoned Action,简称 TRA)由美国学者菲什拜因(Fishbein)和阿耶兹(Ajzen)于 1975 年首次提出。该理论认为了解个体行为意向(Behavioral Intention,简称 BI)对于预测个体的行为(Behavior,简称 B)具有重要的作用。而影响意向(BI)的因素主要有两方面:一是人们对该行为的态度(Altitude towards the

---

① 黄晓东:《社会资本与政府治理》,社会科学文献出版社 2011 年版,第 42 页。

Behavior,简称 AB),它是由对行为结果的主要信念以及对这种结果重要程度的估计所决定的。持积极评价结果信念的人来自进行这项行为能够拥有积极的行为态度,反之,持消极评价结果信念的人则源于行为拥有消极的行为态度。另一个是重要参考者认为个体应该行为的主观准则(Subjective Norm,简称 SN),它是由个体对重要参考者认为应该怎么做的认可程度以及自己与重要参考者意见保持一致的动机强弱所决定的。重要参考者相信个体应该进行某项行为,且个体有满足参考者期望的动机,个体将会有积极的主观准则。反之,个体则持消极的主观准则。

理性行为理论可用数学公式表示为:

$$B \approx BI = \omega_1 AB + \omega_2 SN$$

其中,B 表示个体的行为,BI 表示个体的行为意向,AB 表示个体对这种行为的态度,SN 表示重要参考者认为个体应该行为的主观准则,ω_1、ω_2 表示经验权重,指明 AB 与 SN 的相对重要性。[1]

理性行为理论也可以通过图例展示,如图 1-2 所示。

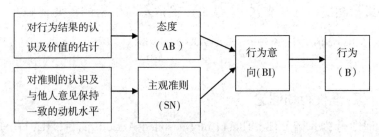

图 1-2　理性行为理论示意图

理性行为理论提出任何因素只能通过态度和主观准则来间接地影响个体行为,这为人们对行为的合理产生提供了一个清晰的认识。农

---

[1]　周丹:《村级公共品筹资中农户参与意愿及影响因素分析》,2011 年华中农业大学硕士学位论文,第 14—15 页。

户参与农村公共产品供给行为受到农户对供给行为的态度和主观准则的影响。具体来说,如果某一农户认为参与供给有积极的结果,对自己有利,那么,该农户会对参与供给行为持认可的态度,进而有利于提升其参与供给的动力。同时,某一农户在参与农村公共产品供给时,同村其他农户对该农户参与供给决策、筹资、监督和建成后管护的态度以及该农户是否有与其他农户参与供给决策、筹资、监督和建成后管护的态度保持一致的愿望等将直接影响该农户参与供给的动力。当该农户认为多数农户都希望他参与供给决策、筹资、监督和建成后管护,特别是,希望他出资时,同时,他也不想因自己不参与供给,而在村中遭到"边缘化"时,他则会参与供给活动。由此可见,理性行为理论可以为研究农户参与公共产品供给动力提供重要的理论基础。

(三)人本思想

人本思想源远流长,在我国最早可以追溯到孟子时代,《孟子·尽心章句下》中提出"仁者爱人,民为贵,君为轻,社稷次之",这体现了中国传统文化对人的重视。欧洲文艺复兴运动时期,彼脱拉克最先开创了人文主义思想,随后,马基雅维利、康帕内拉、布丹和莫尔等人从人本身出发,用人的眼光观察、解释社会政治问题。[①] 这使人本思想在近代欧洲得到充分发展。

人本思想在当代又得到了充分发展。2007 年,党的十七大提出科学发展观的核心是以人为本。以人为本就是以广大的人民群众为本,一切为了人民群众,一切依靠人民群众。具体来说,就是要始终实现好、维护好、发展好最广大人民的根本利益,尊重人民主体地位,发挥人民首创精神,保障人民各项权益,促进人的全面发展。这又将人本思想

---

① 　徐大同:《西方政治思想史》,天津教育出版社 2002 年版,第 92—93 页。

提高到一个新的高度。从根本上看,"以人为本"思想就是要求实现每一个公民平等享有参与经济、政治和社会生活的权利和享受公共资源的权利。党的十六届五中全会提出的经济发展目标中突出了人均的概念,特别对于就业、教育、社会保障以及生活环境等与民生息息相关的公共服务问题提出发展要求,突出体现了公共服务以人为本的理念。[①]

人本思想内嵌于农村公共产品供给中,则要求供给要以农民为本位。具体来说,农村公共产品供给要以满足农民的实际需求为根本目标,使农民主体性得到充分体现;要明确农民参与供给决策的权利和责任,倾听农民呼声,尊重农民选择;农村公共产品供给效果的评价要体现农民为主体。人本思想内嵌于农村公共产品供给中,要求供给活动尊重农民本位,这可有效激发农户参与供给的动力。因此,人本思想也是农户参与农村公共产品动力研究的重要理论基础。

(四)系统理论

20世纪20年代,美籍奥地利学者贝塔朗菲(Bertalanffy)首先提出了系统理论的思想。1937年,他又提出了具有普遍意义和世界观意义的一般系统论原理,奠定了这门科学的理论基础。1968年,他的《一般系统理论基础、发展和应用》一书的出版确立了系统理论的学术地位。

到目前为止,中外学者对系统的定义有几十种,如,德国《哲学和自然科学词典》把系统界定为按一定顺序排列的物质或精神的整体;钱学森认为系统是相互作用和依赖的若干部分结合而成的具有特定功能的有机整体,等等。其中较权威性的定义为美国《韦氏大辞典》的定义,它指出:"系统是有组织的或被组织化了的整体,由有规则的相互作用、相互依存的诸要素形成的集合。"系统具有以下特征:第一,整体

---

① 肖颖:《农村公共服务中的自我供给研究》,2008年福建农林大学硕士学位论文,第18页。

性。任何系统都不是各个部件的直接简单的堆砌,而是由相互关联和相互影响的具体部件的有机结合,任何一个部件的变化都可能会改变系统的形态和功能。第二,目的性。任何一个系统的存在都具有明确的目的性,系统各部件间关系与结构的不断优化最终都是为了更好地实现系统的目的。无明确目的的系统,其存在就失去了意义。第三,环境适应性。只有系统内部各要素与外界环境发生能量、信息和物质等方面交流,才能使系统适应环境,维系系统的生命力。

农户参与农村公共产品供给的动力涉及要素众多且影响因素复杂。系统理论为我们正确认识农户参与农村公共产品供给动力提供了科学的方法论指导。运用系统理论来研究农户参与农村公共产品供给动力,就会发现其是一个具有特定目标和功能,由包括政治、经济、社会、文化和心理等各种内外动力要素组合构成的复杂的动力系统,这些动力要素之间是相互依存、互为条件。农户参与农村公共产品供给动力会随着动力系统各要素间的变化以及各要素与自然、经济和社会环境间相互联系的变化而变化。只有以系统理论为指导进行多领域、多层次和多学科的综合研究,才能对农户参与农村公共产品供给动力进行深入分析和系统阐述。

第二章　农户参与农村公共产品供给动力研究的现实背景

为了更顺利、更有效地开展农户参与农村公共产品供给动力研究，有必要对其现实背景做出全面分析。

一、农村公共产品的供给状况和现实需求分析

分析我国农村公共产品供给现状和现实需求可以知道当前供给还存在哪些不足和明确以后农村公共产品供给的方向。激发农户参与农村公共产品供给动力有助于实现有效供给，而真正实现有效供给又必须以供给现实所需的农村公共产品为前提，因而，明确当前农村公共产品供给状况与现实需求对于顺利开展农户参与供给动力研究是必要的。

（一）我国农村公共产品供给的现状

近年来，我国各级政府对"三农"的财政和政策等支持不断增强，农村公共产品供给取得了较大成就。在农村生产性公共产品供给上，我国兴建了一批重点工程，如三峡工程、南水北调东中线等工程。到2011 年底，全国修建完成了 289 座大型、2136 座中型、1.2 万多座小型

水库的除险加固任务。构建了较为完整的农业科研与技术推广体系，科技进步对农业增长的贡献率和农业机械化率都有了较大程度的提高。在农村生活性公共产品供给上，截止到 2011 年底，全国农村自来水和卫生厕所普及率分别为 60% 和 53.1%，99.6% 的乡镇和 92.9% 的行政村通公路，97.8% 的行政村通电。① 在农村社会保障类公共产品供给上，到 2007 年，全国基本实现九年制义务教育，义务教育的实施使得国民整体素质有了很大提高。起步于 2003 年的新型农村合作医疗制度（以下简称"新农合"），到 2010 年实现了基本覆盖全国农村居民。"新农合"在保障农村居民的大病救治上起到了积极作用。新型农村养老保险制度（以下简称"新农保"）从 2009 年起在全国开始试点，到 2012 年，实现了"新农保"在全国的全面覆盖。这在一定程度上减少了农村居民养老的后顾之忧。但当前我国农村公共产品供给还存在一些问题，主要体现在以下几个方面。

1. 农村公共产品供给总量不足

长期以来，我国实行城乡二元供给体制，实行城乡有别的供给政策，造成了农村公共产品的总量供给严重不足。主要表现在：

（1）农村生产性公共产品供给不足

农村生产性公共产品是影响农民增收和农业增产的关键因子，是农村发展的"先行资本"，但长期以来，供给不足。

第一，农业基础设施供给严重不足。首先，农田水利建设普遍投入不足，农田水利设施老化现象严重，配套设施不完善。从表 2-1 中可以看出，我国政府对社会固定资产的总投资数额很大，但用于农村和农业部门的投入比例不高，能用于农村水利设施投入的资金就更少，2008—2011 年农村水利设施投资额占社会固定资产总投资额比例最

---

① 赵海燕：《基于需求的农村公共产品供给体制研究》，中国农业出版社 2013 年版，第 76—77 页。

高的年份才 0.20% 左右。这反映出长期以来,我国政府对社会资产投资分配不够合理,特别是,对农村水利设施的投入严重不足。

表 2-1 全社会固定资产投资情况

年份	社会固定资产总投资 投资额(亿元)	农村固定资产投资		农村水利设施投资	
		投资额(亿元)	占总投资的比例(%)	投资额(亿元)	占总投资的比例(%)
2008	172828.4	24090	13.9	207.7	0.120
2009	224598.8	30678	13.6	331.7	0.148
2010	278121.9	36691	13.2	491.4	0.177
2011	311485.1	39367	12.6	632.7	0.203

资料来源:《中国经济年鉴》和《中国农村统计年鉴》2009—2012 年版。

此外,目前我国很多农村地区水利工程建设标准低。有些地区水渠和公共水井无人维护、年久失修,甚至被土填平,结果使得这些灌区的水田虽濒临丰富的水资源却变成旱田,靠天收获。一些农村水利灌溉设施老化和被过分利用,其应有的功能普遍衰减,甚至一些小型水利灌溉设施功能丧失殆尽,排灌能力严重不强,难以在大的水灾中发挥作用。还有一些水利工程存在带病运行。目前我国病险水库众多,4 万多座水库未能得到及时加固。虽然已启动了病险水库加固工程,由于这些水库多在中西部,即使中央和省级两级配套资金到位,但由于市县级配套资金不能及时到位,而导致加固工程迟迟不能完工。[1] 据统计,到 2013 年底,全国小型农田水利灌溉工程的平均完好率仅为 50% 左右。[2] 同期,在我国 18.26 亿亩的耕地中,有效灌溉耕地的面积为 9.52 亿亩,[3] 这意味着还有 47.86% 的耕地不能做到有效灌溉的。"靠天吃

---

[1] 郭芳等:《中国四万座病险水库存在溃坝风险 地方政府没钱修》,http://news.xinhuanet.com/local/2011-08/23/c_121897313.htm,2011-8-23.

[2] 《2013 年中国农业统计年鉴》,中国统计出版社 2014 年版,第 7 页。

[3] 《中国统计年鉴 2014》,中国统计出版社 2014 年版。

饭"的局面没有根本改变。这是制约农业综合生产能力提高的重要因素。

其次,农村电力设施投入偏低,电网老化现象严重。近年来,政府虽然逐步加大对农村电力设施建设方面的投资,2010 年达 600 亿,但仅占同期全社会电力系统投资的 8% 左右。① 因此,国家对农村电力设施的投入比例是偏低的。由于对农村电力设施投入偏低,农村电网老化现象比较严重,村级电网亟待升级改造。例如,山东省枣庄市周庄村全村仅有一台变压器,负荷低,每逢三秋三夏用电高峰时,经常出现断电、跳闸现象。这严重影响了村民正常的生产生活,也带来了很大安全隐患问题。

第二,农业科技服务不足。获得及时全面有效的农业科技服务是发展高效农业,实现农村产业优化的必然要求。近年来,我国农村面临产业转型与升级的压力,农村对农业科技投入的要求激增。农业科技投入由于收益回报时间长,又具有非竞争性和非排他性,属于较典型的公共产品范畴,需要政府进行投入,但由于多数政府财力有限,难以进行大规模的科技投入。这使得我国农村科技软硬件落后;科技人员短缺,业务水平不高;科技成果转化率低,2014 年仅为 10% 左右,远低于西方发达国家 40% 的比例;技术进步对农业增长的贡献率偏低,2012 年为 54.5%,与发达国家的农业科技贡献率的 70%—80%,还有较大差距。可见,目前我国农业科技的总体水平不够高。

第三,农业市场信息服务不足。农产品市场供求信息是农产品生产和销售的指挥棒。农户缺乏农产品市场供求的准确信息会导致盲目生产,农产品销售不畅,增产不增收。当前,从农业市场信息收集和提供的主体来看,多数基层政府和村委会把主要精力用于抓经济建设,搞

① 《新一轮农村电网改造升级建设投资将达两千亿》,http://www.topcj.com/html/3/CYZX/20100713/355282.shtml,2010-07-13.

生产上去,对寻求市场供求信息重视不够。同时,多数地方农村农业合作社发展普遍不好,其收集农业市场供求信息的作用也有限。从农业市场信息传递渠道上,有线电视和互联网等在农业市场信息传播中发挥较大作用。但是,有线电视和互联网等在农村普及率还不够,并且有线电视和互联网传递市场供求信息还存在针对性不强,甚至失真等问题,因此,目前我国农业市场信息服务供给存在明显不足。

（2）农村生活类公共产品供给不足

农村生活类公共产品包括村内道路、路灯、自来水供给、污水与垃圾处理、文化娱乐设施建设和村庄环境整治等。

第一,村内道路和路灯建设滞后。农村道路是农村居民对外联系的桥梁。近年来,在政府大力实施"村村通"的情况下,全国,特别是,东中部地区村庄的村外连接道路基本上都通上了水泥路或柏油路,村民出行需求得到较好的满足。但村内道路由于受益人群相对固定,属于社区内公共产品,在政府财力有限的情况下,需要村民自筹一部分资金,政府再通过"以奖代补"方式补贴一部分建设资金。当前,我国多数农村村内道路还没有硬化,土路占多数;在已有硬化道路中,也存在道路路面窄和路基不平等问题。同时,多数道路没有安装路灯或路灯损毁严重。

第二,农村饮用水设施供给不足。首先,我国多数农村地区饮用水设施落后,集中供水不足。近年来,政府在农村地区积极推进饮水安全工程,截至2010年底,全国共建成供水工程52万处,不过,由于受村庄地理环境等因素的限制,这其中90%的工程是单村供水工程。[①] 这种单村供水工程规模小,规模效应差,运行维护费用高,政府对其补贴很少,而农民的经济承受能力又有限,这使得多数地方的供水设施简陋,无

---

① 杜鹰:《国务院关于保障饮用水安全工作情况的报告》,http://www.npc.gov.cn/npc/xinwen/2012-07/11/content_1729559.htm,2012-07-11.

法得到及时更新,影响供水质量。另外,分散式供水人口比例仍然较高。截至 2013 年底,我国仍然还有 2 亿多农村人口采用分散式供水,占全国农村总人口的 26.9%。① 其次,饮用水设施建成后维护不足问题突出。由于维护费用不足,多数供水设施没有得到很好维护。有的村庄供水管道老化、破漏严重,导致供水损耗大,供水成本上升。有的村庄由于维护费用不足,自来水净化设备出现故障后,不能得到及时排查和维修,这使得自来水质量得不到保证。有的在镇建成区内的村庄,本可以使用大市政供水,但一些村集体无力承担更换主管道的费用,只能放弃。②

(3)农村社会保障类公共产品缺位较严重

第一,农村教育发展长期滞后。虽然从 2005 年起,国务院将农村义务教育经费全面纳入公共财政保障的范围,但由于历史原因和各级政府财力的有限性,农村义务教育经费投入所占国家整个教育总投入的比例仍然偏低,使得农村基础教育发展滞后的局面仍没有得到根本性改观。首先,农村中小学生人均经费偏低。2013 年,全国和农村小学生人均公共财政预算教育事业费支出分别为 6901.77 和 6854.96元,全国和农村初中生人均公共财政预算教育事业费支出分别为9258.37 元和 9195.77 元。③ 可见,农村中小学教育费用支出没有达到全国水平,与城市的差距就更大。上述数据仅仅是全国的整体水平,如果考虑到东西部地区差异,那么西部多数农村中小学生人均教育费用的支出远低于全国的平均水平。教育经费是开展教育教学活动的财力保障。农村中小学生人均经费偏低使得学校校舍建设、教学用品的配备和办公经费等日常开支的经费不足,正常教学工作的开展受到影响。

---

① 《2013 年全国水利发展统计公报》,中国水利水电出版社 2014 年版,第 6 页。

② 《村庄整治:农村饮水安全问题亟待解决》,http://www.chinajsb.cn/gb/content/2005-11/07/content_154129.htm,2005-11-07.

③ 《教育部、国家统计局、财政部关于 2013 年全国教育经费执行情况统计公告》,http://www.jyb.cn/info/jytjk/201411/t20141106_603445.html,2014-11-06.

其次,农村中小学教师的专业结构不尽合理。虽然目前大多数农村地区中小学教师总体数量基本能满足正常教学的要求,但专业结构不合理现象仍较为突出。语文和数学等传统主干课程的教师较为充裕,音体美、信息技术课和外语等专业课教师在一些农村中小学仍较为紧缺,通常只能由其他专业教师转专业代课,使得音体美、信息技术和外语等课程的开设不够规范,甚至有些学校少开或不开这些课程,教学质量更无法得到保障,这样使得素质教育难以很好地实施,导致农村学校学生的知识面普遍较窄。

第二,农村医疗保障明显不足。"新农合"现已在全国农村地区全面实施,这从一定程度上减轻了农民看病的负担,但对农民的保障力度还远远不够。一方面,"新农合"对医疗费用报销比例偏低,与城镇职工医疗报销比例差距较大。例如,2013年,山东省泰安市"新农合"规定,市级定点医疗机构住院产生的医疗费用,起付线为600元,起付线以下不予报销,起付线以上至10000元部分按50%比例报销,10000元以上按55%比例补偿。在农民治疗大病时,仍然难以承担起自付部分的费用,很多农民看不起病,因病致贫的现象并不鲜见。另一方面,农民的常见病基本是在门诊就医,但门诊费用报销的比例很小,这使得农民参保的实际受益没有预想的那么大,这会在很大程度上影响他们参与"新农合"筹资的积极性。

第三,农村养老保险发展滞后。"新农保"在农村居民养老保险问题上做出了有益的探讨,意义重大,但"新农保"在保障标准上偏低。2013年,全国大部分地区基础养老金只有55元,一年660元,这根本无法达到养老保障的效果。同期,全国企业退休职工月平均养老金达到近1990元。[①] 农民一年的基本养老金只有全国企业退休职工月平均

---

① 《中国企业退休人员基本养老金月人均水平达近1900元》,http://www.chinanews.com/gn/2014/01-24/5776532.shtml,2014-01-24.

养老金的 1/3,差距巨大。在对农村低保户的保障上,一方面,保障面不够。2013 年底,全国有农村低保对象 2931.1 万户,共 5388.0 万人,比上年同期增加 43.5 万人,增长了 0.8%,但还有一些生活比较困难的农户因地方财力的原因,还没有纳入保障范围。另一方面,保障标准偏低,难以保障其基本生活需求。2013 年,全国农村低保平均标准每人每年 2434 元,比上年增长 17.7%;全国农村低保月人均补助水平 116 元(含一次性生活补贴),比上年提高 11.7%。① 虽然保障标准有较大幅度的提高,但是保障标准还是偏低,特别是,近年来生活用品的价格上涨较快,这一保障标准仍然难以保障农村低保户的基本生活需求。

2. 农村公共产品供给不均与供需失调

(1)农村公共产品供给不均等

我国农村公共产品供给的不均等性由来已久,主要体现在:

一是城乡间供给的不均等性。长期存在的城乡二元供给体制最大特点是规定城乡公共产品供给使用不同的渠道进行筹资,城市公共产品的供给资金几乎全部纳入各级政府的财政预算,而农村公共产品供给资金筹措则实行政府补助与农民筹资相结合,且农民筹资占很大比重。这一体制必然使得城乡在基础设施建设、教育、医疗和社会保障方面供给差别明显。例如,当前城市主次干道、路灯、自来水管道和污水排放系统等基础设施建设均以市政投资的形式供给,普遍较为完备,而农村道路、生活给排水设施等基础设施建设远低于城市。再如,长期以来,我国城乡居民在保健服务利用和健康水平方面存在明显差距。据统计,占总人口 30% 的城市人口享有约 80% 的医疗卫生资源,而占总

---

① 《民政部发布 2013 年社会服务发展统计公报》,http://society.people.com.cn/n/2014/0618/c1008-25165691-3.html,2014-06-18.

人口 70% 的农村人口却只享有约 20% 的医疗卫生资源。① 近几年来，虽然统筹城乡发展的步伐明显加快，但由于体制的惯性制约和财力的限制，实现城乡基本公共产品均等化的任务仍很艰巨。

二是地区间供给的不均等性。公共产品供给受不同经济发展水平的制约。总体上看，东部经济发达地区由于政府经济实力较强，用于农村公共产品供给的投资相对较多，因而，农村公共产品供给水平相对较高，而中西部经济落后地区的供给上则差得多。例如，上海市农民的社会保障水平较高，农民已基本纳入城市社保范围，而中西部省份的农民还远未能享受。2013 年，上海市农民年低保标准达到 6000 元，湖北省为 1440—3000 元，贵州省 1680—2300 元不等。可见，东中西部差距较大。2013 年，山东省东、中、西部地区农村最低生活保障标准分别为 2500 元、2200 元、2000 元，省内也存在一定的差距。

(2) 农村公共产品供需结构失衡

具体来说，一方面，农民不太需要、受益不直接的公共产品供给过剩。例如，在经济发展落后地区修建大型公共设施、豪华楼堂馆所和歌剧院等"政绩工程"，这明显超过了当地的经济发展水平和农民的现实需要，利用率很低。之所以出现这一现象，是因为现阶段农村公共产品供给的决策权来自乡镇和村外部的指令。在政绩考核的驱动下，地方政府对政绩工程、形象工程和达标工程等一些见效快、易出成绩的短期公共工程尽心尽力，积极加以实施。另一方面，农民迫切需要但供给周期长和收益慢的公共产品供给不足。很多地方政府对农业基础设施、农村基础教育和农业科技推广等见效慢公共产品重视不够，常常流于表面应付。这必然会导致农村公共产品供需脱节，结构失衡，浪费了有

---

① 张晓山：《深化农村改革　促进农村发展》，载中国社会科学院农村发展研究所主编：《聚焦"三农"——中国农村发展研究报告 NO.5》，社会科学文献出版社 2006 年版，第 444 页。

限的财政资金,损害了农村社会经济的发展。

3. 农村公共产品供给机制不完善

(1)农村公共产品供给决策机制的错位

第一,自上而下的供给决策机制仍占主导地位。各级政府和有关部门掌握供给的决策权,拥有组织优势和信息优势等。提供什么样的公共产品、提供多少,基本上都由政府决定,甚至是个别官员说了算。[①]第二,农民的需求表达和参与决策的机制不畅通。一方面,是由于广大农民的民主素质和民主意识不够强,民主参与作用有限。另一方面,是由于政府保障农户参与供给决策的意识不强,没有为农民的供给需求表达和参与供给决策提供渠道。这使得农户的真实需求难以有效表达,造成农村公共产品供给不能满足农民实际需求,供给效率低下。

(2)农村公共产品供给监督管理体制的缺失

第一,监督主体的弱势。在现行的农村公共产品供给体制下,作为农村公共产品使用者的农民具有监督供给的权利,但是,与政府供给主体相比,农民在供给中处于被动接受的弱势地位,难以对政府供给实施有效监督。第二,监督渠道的缺失。由于信息不对称,且没有相关法律法规对农民的供给监督提供明确的法律保障,农民无法获得对供给资金的筹措和管理进行监督的畅通渠道。

4. 农业税的免除加剧了乡镇财政困难,一定程度上制约了农村公共产品供给能力的提高

2006 年 1 月,实施了 48 年的《中华人民共和国农业税条例》正式终结。农业税的免除大大地减轻了农民负担。2006 年,取消农业税

---

① 石义霞:《中国农村公共产品供给制度研究》,中国财政经济出版社 2011 年版,第108 页。

后,农民每年人均减负 120 元左右,减负总额超过 1000 亿元。① 但在给农民减负的同时,也造成了乡镇财政资金的巨大缺口。农业税免税之前,乡镇财政收入除农业税、工商税等预算内资金和各种税收附加等预算外资金外,还包括乡统筹等自筹资金。农业税免除后,制度外筹集财政资金的渠道基本上被堵死,乡镇财政收入转向主要以工商税为主。但对于我国多数以农为主的乡镇来说,工商业发展水平比较低,直接后果是乡村两级组织的财政收入剧减,有些乡镇连职工基本工资和日常运转所需的经费都存在很大缺口,导致正常运转都困难,更顾不上农村公共产品的供给。尽管中央和省两级政府会通过财政转移支付方式来补贴农业税免除后农村基层政府存在的经费缺口,但财政转移支付数额有限,庞大的财政支出缺口根本无法填平。郭书田认为,20 世纪 90 年代末,平均每个乡镇负债约 400 万元左右。随后,乡镇债务又有大幅度上升,据对一些乡镇的抽样调查,多数乡镇超过 1000 万元,有的甚至高达 3000—4000 万元,据此推算,税费改革前,全国乡镇债务共计高达 5000—6000 亿元。② 因此,农业税的免除,在一定程度上,制约着农村公共产品供给能力的提高。

(二)我国农村公共产品供给的现实需求

从当前农村公共产品供给的现状来看,今后我国农村公共产品供给应体现出以下几方面的趋势。

1. 供给总量上要有大的增加

当前我国农村公共产品供给量与农村人口数极不平衡。虽然农村公共产品供给总量比较大,但由于我国农村人口众多,多种农村公共产

---

① 谭玉清:《缩小城乡居民收入差距的对策分析》,《中国集体经济》2007 年第 1 期,第 23 页。

② 郭书田:《乡镇政府改革与乡村治理》,《南方农村》2005 年第 5 期,第 4—5 页。

品的人均供给数量与其他国家相比,存在很大差距,排名非常靠后。当前多数农村公共产品供给的数量还难以很好地满足农户的需要,因而,我国农村公共产品在总量上要有大的增加,这是实现农村公共产品有效供给的基本保障。只有供给总量有大的增加,农村公共产品人均占有量才能增加,农民才会有机会获得更多的农村公共产品,满足日常生产生活的需要。

2. 供给结构上要更加合理

当前我国农村公共产品供给存在结构的不合理性,主要表现在:重政绩性、见效快的公共产品供给,轻投入大、见效慢的公共产品供给;重生产性基础设施建设,轻教育医疗卫生等生活性公共产品供给;生产性公共产品供给中,又相对重大中型农业基础设施建设,轻小型农业基础设施建设;在生活性公共产品供给中,又相对重农村教育科学文化发展,轻农村医疗卫生发展。这种不合理的供给结构影响了农村公共产品的供给效果,使得农户对农村公共产品供给的满意度不高。为此,各级政府应通过建立顺畅的农户需求意愿表达机制,来及时准确获知农户对不同农村公共产品需求的优先顺序,再基于需求的优先顺序,进一步优化调整供给结构,确保农户最需要的农村公共产品最先得到有效供给。

3. 供给形式上要多元化

一方面,由于多数政府供给财力有限,政府难以对农村公共产品供给进行统包统揽,另一方面,由于政府不是农村公共产品的直接使用者,无法完全掌握供给的需求信息。同时,政府提供农村公共产品不以追求经济利润为目的,单一政府供给不可避免会出现供给的低效率。[1]这就需要重视政府以外其他主体在供给中的作用,充分调动市场、第三

---

① 黄健荣等:《公共管理新论》,社会科学文献出版社 2005 年版,第 172 页。

部门和私人等主体参与供给的积极性,让其参与到供给中来,形成参与供给主体的多元化格局。

4.供给责任应明确化

合理划分各级政府在主要农村公共产品供给上的供给责任是落实供给资金来源渠道的重要保障。供给责任的明确划分既可以避免各级政府在农村公共产品供给中互相推卸责任,还可以保障地方政府在财政支出权限上的完整性和独立性,促使其能够对农村公共产品供给所需资金进行统筹安排。从而,可以为农村公共产品高效率的供给提供保障。①

5.供给决策应民主化

政府不应进行自上而下的单方面供给,让农村居民被动地接受,而应注重调动农村居民的积极性,激发他们的创造性,让他们参与进来,并培养其自发、自立、自助和协同的主体意识。主体意识的形成,有助于农户供给需求的真实表达,供给决策过程的科学设计,决策民主化目标的实现。

二、农户参与农村公共产品供给的优势分析

明确农户参与农村公共产品供给的优势是激发农户参与农村公共产品供给动力的一个重要前提。只有知道与其他供给主体相比,农户参与供给所具有的独特优势,才会有鼓励农户参与供给的必要性,因而,需要对农户参与农村公共产品供给的优势进行分析。

---

① 石义霞:《中国农村公共产品供给制度研究》,中国财政经济出版社 2011 年版,第69 页。

（一）农户参与供给能满足自己对公共产品的紧急需求

当前,我国农村公共产品"自上而下"的供给决策方式依然普遍存在,这种供给决策方式更多的是体现政府及职能部门的需求偏好,而不是反映农民的生产生活对公共产品的实际需求,从而导致农村公共产品的供需不对称。在当前农户供给需求日益多样化和个性化的形势下,拓宽民意表达渠道,让农户以理性合法的形式表达自己供给需求,这是保障农户获得自己所需的公共产品的有效途径。因为农户是农村公共产品的需求者,不仅关注供给成本,而且更多地关心供给的现实需求,能了解不同农村公共产品供给的轻重缓急。农户参与农村公共产品供给能根据需求程度的强弱,排列出不同农村公共产品的供给顺序,使得农村公共产品供给更具有针对性,供给农户最需要的公共产品,能更好地满足农户的供给需求。

（二）农户参与供给能突出以农民为中心的价值取向

农户参与供给是农户通过自主或合作的方式参与农村公共产品供给的决策、生产、筹资和监管等过程中去。在这种供给方式下,农民可以向政府表达他们具体的需求意愿,政府有对农民需求做出及时反应的责任,有保证农民获得公平有效的公共产品供给的义务。这时,农民和政府在供给中的地位也发生了变化,农民从公共产品的被动接受者转变为主动参与者,政府从公共产品的实施者转变为组织者。可见,农户参与供给有效体现了以农户为本的发展要求,标志着农村公共产品供给的基本价值取向实现从以政府为中心向以农民为中心的转变。[①]

---

① 方建中:《农户参与农村公共服务供给模式研究》,《江苏行政学院学报》2011 年第6 期,第56 页。

（三）农户参与供给能拓宽农村公共产品供给的筹资渠道

农村公共产品供给成本主要应由各级政府来承担,但当前我国公共财政水平较低,特别是基层政府财力还很有限,难以做到统包统揽,保障农村公共产品供给所需的全部资金。因而,需要积极拓宽供给筹资渠道,寻求政府以外的其他主体参与供给筹资。通过鼓励农户,特别是富裕农户,参与农村公共产品供给筹资,可以拓宽农村公共产品的筹资渠道,有效解决供给资金不足的困境。

（四）农户参与供给能提高农村公共产品供给的效率

提高公共产品供给效率是当前我国经济领域一个亟须解决的重大理论和实践问题。甚至有人认为,当前我国社会的主要矛盾和矛盾的主要方面已经从"人民日益增长的物质文化需要与落后的社会生产之间的矛盾"转移到"公众日益增长的公共品需求同公共品供给短缺和低效之间的矛盾"上来了。①　这种提法虽然不够准确,但是却指出了我国公共产品供给效率低下的问题。农户参与农村公共产品供给具有目标明确、利益相关度高和对供给对象比较熟悉等特点。这有助于提高供给的针对性,避免不必要的浪费,节约供给成本,达到提高供给效率的目的。

三、农户参与农村公共产品供给的
必要性与可行性分析

明确农户参与农村公共产品供给的必要性可以有效体现农户在供给中的地位,凸显提升农户参与农村公共产品动力的必然性。明确农

---

① 杨鹏:《中国社会当前的主要矛盾是什么》,《中国青年报》2005 年 11 月 16 日,第 6 版。

户参与农村公共产品供给的可行性可以避免农户参与供给活动的盲目性,保障农户参与供给活动的有效开展,使得提升农户参与动力更具有针对性。

(一)农户参与农村公共产品供给的必要性

1. 一定程度上弥补政府供给缺位的需要

2006 年全面取消农业税以来,基层政府的财政收入大大减少,但事权却没有因此而减少。尽管上级政府试图通过财政转移支付方式来解决因取消农业税给基层政府带来的财政收入减少的困境。但在不少地方,上级财政转移支付难以及时到位,而基层政府的财政本来又很薄弱,这使得基层政府提供公共产品供给的能力进一步弱化。这时,它们会有选择地退出某些农村公共产品的供给,特别是,社区内农村公共产品的供给,从而造成农村公共产品的短缺。而农户基于自身的实际需求意愿,积极参与农村公共产品的供给,可以在一定程度上弥补政府在农村公共产品供给中的缺位,缓解农村公共产品供给不足问题。

2. 提高供给决策科学化水平的需要

在实际工作中,由于受到决策者所具备相关知识的深度、经验、智力条件、对目标的了解程度以及所需资料的完备程度等因素制约,政府与个人和其他组织一样,也是"有限理性"的,会产生认识局限、信息不完备和技术不足等问题,从而会导致不同程度的决策偏差。政府单一主体的自上而下的决策方式很难保证科学供给决策的制定,更不能科学合理制定出使农户满意的供给决策。农户是农村公共产品的直接使用者,只有他们才知道自己的真实需要。农户参与供给决策可以把自己对农村公共产品的需求直接和真实地反映出来,减少供给过程中因需求信息逐级传递而发生的偏差,甚至失真。因此,农户参与供给决策可以有效弥补政府供给决策失灵的缺陷,增强供给决策的科学性,从而有利于提高农村公共产品供给决策水平和效率。

3. 提升农村民主化水平的必然需要

当前由于受文化知识水平和参与渠道有限等内外部因素的限制，我国多数农民民主意识还较弱，参与民主治理的积极性不够高，农村民主化水平相对较低。而推进国家民主化要求包括农村居民在内的全体国民充分享有民主，因此，需要积极拓宽参与农民的民主治理渠道，提高农民参与民主的积极性，以期达到提高农村民主化水平的目的。农民参与农村公共产品供给，尤其是要参与供给决策的过程，充分表达其真实的诉求，是当前我国农民参与民主的重要渠道。政府利用这一渠道，与农民进行良性互动，听取和采纳他们的意见或建议，可更好地满足他们的民主诉求。农民参与农村公共产品供给不仅可实现对公共事务的有效管理，还能扩大民主的参与方式，对于提升农村民主化水平具有重要意义。

4. 顺应全球治理变革的需要

20 世纪 80 年代，全球治理变革浪潮席卷而来，治理理论要求处理公共事务的主体要多元化。公共产品供给是世界各国政府公共事务管理的重要内容，其重要性、复杂性和困难性不言而喻。政府单一主体因财力等因素的制约难以进行有效供给，治理理论要求公共产品供给主体实现多元化，要求包括私人、企业、非政府组织等参与公共产品供给。农户参与农村公共产品供给正是公共产品供给主体多元化的直接体现，也是顺应全球治理变革的必然需要。

（二）农户参与农村公共产品供给的可行性

1. 多数农村公共产品属于准公共产品

萨缪尔森在定义公共物品时，突出了公共产品的非排他性和非竞争性两大特性，但现实中多数公共产品要么在使用上不能排他，但在消费上具有竞争性;要么在使用上可以排他,但在消费上不具有竞争性。因而,真正的纯公共产品比较少,多数公共物品属于准公共产品。农村公共产品中社区道路、小型水利灌溉设施和生活给排水设施等在使用上具有一定的排他性,因而都属于准公共产品。这些准公共产品的规模和范围一般较小,涉及的受益者数量有限,并且受益群体相对固定。这使得达成契约的交易成本较小,因而,容易使作为消费者和受益者的农户通过订立契约,实现自主提供农村公共产品,形成"林达尔均衡"。

2. 农户经济收入的不断提高

近年来,我国农户整体收入持续提高,从图 2-1 中可以看出,2010—2012 年连续三年全国农村居民人均纯收入实际增长率均在10%以上。2013 年,人均纯收入达到 8896 元,这表明我国农户整体收入水平有了大的提高。这为农户参与农村公共产品的供给提供了经济基础。

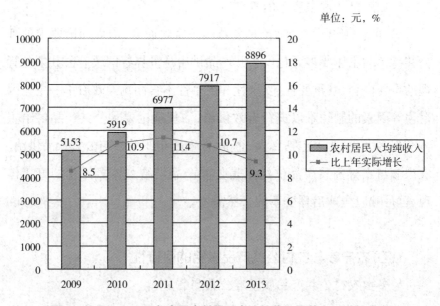

图 2-1 2009—2013 年全国农村居民人均纯收入及其实际增长速度

资料来源:《中华人民共和国 2013 年国民经济和社会发展统计公报》。

3. 农户文化水平的提高

农户为了能更好地、更顺畅地参与农村公共产品的供给,需要了解和掌握参与供给的相关制度规定,包括供给政策、供给程序、供给方式、供给权利救济等相关规定。同时,还应掌握参与供给的一些基本技能。例如,参与"一事一议"项目的决策,要掌握投票的基本技巧;参与对供给资金的监督,要掌握一定的财务知识;参与基础设施类公共产品建成后维护,要掌握相关基础设施的基本构造和运行原理等方面专业知识。这些都需要农户具有一定的文化水平为前提。随着"两基"(基本实施九年义务教育和基本扫除青壮年文盲)教育目标的实现和高等教育大众化的推进,我国农户的文化水平有了大的提高,具有初中及以上文化水平的农户比例已经很高,接受过大专及以上学历教育的农户也有一定比例。这为农户参与农村公共产品供给提供了条件。

四、农户参与农村公共产品
供给具体方式分析[①]

农户根据自身情况和供给对象的特性选择合适的参与供给方式参与供给对提高农户参与农村公共产品供给效率有着积极的意义。如果农户被要求以不适合自己的方式参与到农村公共产品供给中去,那么其参与供给动力必然难以体现。因而,在研究农户参与农村公共产品供给动力时,需要分析农户参与农村公共产品供给的方式。农户参与农村公共产品供给方式是指农户从提高供给满意度和获得有效供给的

[①]　"农户参与农村公共产品供给具体方式分析"这部分内容是本书作者与刘桂芝教授共同署名发表的《农户参与农村公共产品供给:方式、前提条件与实现路径》一文的部分内容,现已征得刘桂芝教授的同意,将其作为本著作的一部分。具体参见:汪旭、刘桂芝:《农户参与农村公共产品供给:方式、前提条件与实现路径》,《湖湘论坛》2014年5期,第61—62页。

目的出发,积极参加到农村公共产品供给的决策、筹资、监督和建成后的管护等环节中去所使用的方法和形式。本质上,它是"一种以农民为本,实现供给目标与农民需求、供给过程与农民参与、供给实施与农民监督、供给效果与农民评价紧密结合的有效供给机制"①。在农村公共产品供给实践中,根据农户在供给中所处的地位、依托的载体和政府引导的力度等不同,它又可以分为以下几种具体方式。

(一)农户完全自我供给方式

所谓农户完全自我供给方式主要是指由农户单独进行农村公共产品供给出资、生产、使用和维护的一种供给方式。它具体可以分为两种方式。第一种方式为农户基于自用目的而自己出资进行小规模农村公共产品的供给。此类农村公共产品通常具有很强的排他性,由农户自己出资购买或出力建设,然后由自己使用。如私人单独购买农村小型水利灌溉设备供自己使用等。② 第二种方式是农户自愿且免费直接提供农村公共产品,包括农户个人出资修路、造桥和兴办"希望小学"等公益活动。部分农户自愿且免费供给农村公共产品,一方面,为方便个人使用而提供某种公共产品。如,在交通不便的山区,某一种植大户为了能让自己的农产品能以最便捷的道路运出山外及时销售,而自己修建一条通往山外的道路,这样,在利己同时,也方便了他人。另一方面,是完全出于利他目的而供给公共产品。如,出资兴建"希望小学"等。之所以基于完全出于利他目的而进行供给,原因在于部分富裕农户具有较强的社会责任感,认为自己富裕起来,有责任和义务回报社会。此外,富裕农户免费提供社会所短缺公共产品,会得到社会的尊重和褒

① 肖颖:《农村公共服务中的自我供给研究——以福建省农村"六大员"队伍建设为例》,2008年福建农林大学硕士学位论文,第45页。
② 何平均:《中国农业基础设施供给效率研究》,经济科学出版社2012年版,第67页。

奖,特别是,在乡亲面前,会产生一种荣誉感和满足感,这正是一些富裕农户在物质上富足之后,所追求的一种精神享受。

(二)农户团队供给方式

农户团队供给方式是指一种由部分具有相同或相近供给需求的农户以农业合作组织为载体参与农村公共产品供给的方式。农业合作组织主要有专业合作社和专业协会两种形式。专业合作社属于实体性组织,内部制度比较健全,管理比较规范,而专业协会则是按照自愿互利原则组织起来的,其组织机构比较松散,对成员的约束力相对较弱。①农业合作组织为了农产品增产增收,提高农产品的生产质量和效率,增加抵抗农产品市场风险的能力,则会参与农村公共产品的供给,供给范围包括田间道路的修建、水利设施的修建和农业信息发布等。例如,部分农户通过建立水利合作社和股份合作组织等形式,从社会中广泛吸纳资金,用于兴修农村小型水利设施,建成后的水利设施供水利合作社全体成员使用。在农业合作组织进行农村公共产品供给过程中,农户参与了农村公共产品的决策、筹资、监管和建成后管护等具体环节。

(三)村庄集体供给方式

村庄集体供给方式是指一种由村民自治组织组织全体农户为全村庄集体利益而自我提供农村公共产品供给的方式。它可分为两类。一类是基于生活聚集区居民的实际需要,由农户以"一事一议"等形式对村内公共产品供给进行民主决策、共同集资和共同管护的供给方式。农户通过"一事一议"的形式参与到供给决策中去,使农户个人的需求偏好得到较充分体现,可以克服政府对个人需求偏好难以把握的弱点,

---

① 于水:《乡村治理与农村公共产品供给》,社会科学文献出版社 2008 年版,第 152—153 页。

更易符合农村的村情民意和提高农户的供给满意度。对于外溢性较小且受益群体相对固定的社区性农村公共产品,如村内的道路、路灯和小型水利灌溉工程建设等,适宜通过此种方式进行供给。另一类是全体农户集体出资通过村民自治组织向个别农户购买一定量的公共产品,再提供给全体农户集体行使的一种方式。在此种方式下,由出售公共产品的农户负责生产、经营和维护,而村内其他成员主要负责出资。

(四)农户与政府联合供给方式

农户与政府联合供给方式是指由农户进行农村公共产品的生产和管护,政府以契约等方式获得并向农户提供公共产品,实现农村公共产品生产主体和供给主体相分离的一种供给方式。这种供给方式可以采取政府采购、合约供给和政府补贴等途径实现。具体来说,第一,政府采购是指政府通过市场向部分农户购买农村公共产品,提供给全体农户,以满足其需求。在这种途径中,农户仅负责生产经营,不负责出资,资金由政府提供。第二,合约供给是指政府在保留农村公共产品所有权的前提下,以合约的方式明确农户生产和经营农村公共产品的权利和义务,农户达到合约规定的标准,政府支付相应的报酬。[①] 第三,政府补贴是指当农户单独提供部分农村公共产品所获得的私人收益与其所带来的社会收益相差较大时,政府所给予农户财政补贴或减免税收等经济上帮助的形式。例如,政府通过财政补贴或信贷优惠等措施,鼓励农户自己出资购置大型农业生产机具等,并允许其为其他农户提供服务,收取一定费用。近年来,政府实施的农机补贴政策正是这种方式的体现。[②]

---

① 郭少新:《地方公共物品的私人供给分析》,《生产力研究》2004 年第 9 期,第 72 页。
② 何平均:《中国农业基础设施供给效率研究》,经济科学出版社 2012 年版,第 67 页。

五、农户参与农村公共产品供给
动力的历史回顾

我国农户参与农村公共产品供给的历史由来已久。不过,在不同时期农户参与供给的方式和作用不同,这在很大程度上影响到他们参与农村公共产品供给的动力。通过对新中国成立以来,不同时期里农户参与供给动力情况的回顾,可以明确农户在参与供给的哪些环节上还存在动力不足以及具体原因,这为进一步深入分析农户参与供给动力现状提供了基础。

(一)农业合作化时期农户参与农村公共产品供给动力情况(1949—1958)

新中国成立后,中央政府随即实施了恢复国民经济的各项措施,其中包括于 1950 年 6 月底启动了土地改革。通过土地改革,全国各地农户分到了期盼已久的土地,但是由于当时农业生产力水平极其低下,农户没有耕种土地所需的耕牛、犁和水车等基本生产工具。所以,在这一时期,农村公共产品供给主要是围绕农户农业生产最急需的基本生产工具供给来展开的,其供给范围较小。当时各级政府对这些公共产品供给的财政投入很有限,其供给成本主要是由农民自我承担。由于这些农村公共产品供给所需资金较少,与农户生产生活直接相关,是他们迫切需求的,所以,绝大多数农户愿意承担供给成本,参与供给筹资的动力较高。在供给决策上,农村公共产品供给是以初级社或高级社为单位进行决策,当时初级社和高级社自主性很强,基层政府干预较少,农户在合作社中能较充分表达自己的需求意愿,因而,农户参与供给决策的动力也较强。在供给监督上,由于农户监督意识不强和监督渠道缺乏,农户参与监督的动力相对不足。在农村公共产品建成后的管护上,由于到了高级社阶段,农户私有财产纷纷折价归公,对公共产品的管护是以合作社集体的形式来进行的,农户被组织起来参与管护,因而,有一定的参与管护动力。

(二)人民公社时期农户参与农村公共产品供给动力情况(1958—1977)

1957年冬到1958年春,农田水利建设在全国各地铺开,由于需要大规模协作,因而出现了供给主体和受益主体不一致的问题,人民公社在这一背景下建立起来。1958年3月,中央在成都会议上制定通过了《中共中央关于把小型的农业合作社适当地合并为大社的意见》,在这之后,各地纷纷开展小社并大社运动。8月,北戴河会议通过《关于在农村建立人民公社问题的决议》,此后,全国掀起了建立人民公社的高潮,10月底,全国农村已建立人民公社26576个,参加农户已占总农户的99.1%。[①] 人民公社的广泛建立使得国家可以以人民公社为组织载体对乡村进行集权式治理,实现对农村社会强有力的控制。这一时期,农村公共产品供给完全依靠政府,人民公社以基层政府的身份负责具体组织供给,农户有限地参与农村公共产品供给活动也是仅仅以人民公社为主要载体来开展的。

这一时期,在农村公共产品供给决策上,实行典型的"自上而下"供给决策体制,决策以集体利益高于农户个体利益为出发点,供给完全由上级政府计划和安排,农户没有参与决策的渠道,更难有参与供给决策的动力。在农村公共产品需求表达方面,农户仅限于对维持生活的基本公共产品提出需求取向,且需求的差异性很小,具有很高的同质

---

① 薄一波:《若干重大决策与事件的回顾》(下),中共中央党校出版社1993年版,第749页。

性,而农户对农业生产所需的农田水利等基础设施没有强烈的需求取向,他们完全依靠政府来计划安排农业生产。因此,农户在农村公共产品供给需求表达上动力不足。在农村公共产品供给筹资上,制度内渠道(国家财政渠道)和制度外渠道(集体经济渠道)并存。制度外渠道是指人民公社以各种形式集资筹集公共产品供给资金,资金显性地由农户承担,农户是被动接受的。此外,国家财政提供的供给资金其实也是由农户承担的。因为在当时工分制分配制度下,农户对供给成本的分摊,一部分是以公积金和公益金的方式提前扣除,另一部分以工分形式承担了公共产品的生产成本。在这里,农户是隐性地承担了农村公共产品供给成本。因而,农户在这个时期参与供给筹资完全是被动。在农村公共产品的生产环节上,当时的社队具有很强的动员劳动力能力,农民被社队高强度地组织起来,集中参与公共产品的建设。农民以投工投劳形式参与到农村公共产品生产中,没有薪酬,只是以记工分的形式来冲抵其生产劳动,生产的动力不足。在农村公共产品供给监督上,由于农户被统一纳入人民公社的这一集体组织中,农村公共产品供给如何不与农户利益直接挂钩,因而,农户也难有参与监督的动力。在农村公共产品建成后的管护上,包括对村内道路和水利灌溉设施等公共产品的管理和维护也是由人民公社组织来安排的,农户是在人民公社组织的安排下进行的,参与建成后管护也是被动的。

总的看来,在人民公社时期,政府具有巨大的政治权威且存在强势干预,农户只是在政府的组织下被动地参与到供给中去,甚至可以说,是被政府隐形胁迫参与到供给中去,因而,农户缺乏自主参与供给的意愿和动力。

(三)家庭联产承包责任制实施后到农村税费改革实施前农户参与农村公共产品供给动力情况(1978—2000)

20世纪70年代末80年代初,我国农村经济体制开始改革,家庭联产承包责任制在农村得以实施。家庭联产承包责任制的实施实现了土地所有权和使用权的分离,农户获得了充分的土地生产经营自主权,拥有广泛的财产权利和民主权利,生产积极性得到大大提高。这一时期,在政府提供的农村公共产品的供给决策上,仍延续了人民公社时期政府的单中心决策体制。虽然这个时期农户有农村公共产品需求表达的诉求,农户有参与供给决策的动力,但"自上而下"的供给决策体制无法让他们参与到供给决策中来。在供给资金的筹措上,政府向农户收取"三提五统"①等来为农村公共产品供给筹措资金。由于"三提五统"种类多、数额大,再加上乡镇政府和村集体在收取"三提五统"中不规范,多收和强制收取等现象较常见,这使得农户的经济负担太重,意见大,不少农户抵制参与供给筹资,甚至发生干群冲突,干群关系紧张,农户参与供给资金筹集的动力很低。在监督和管护环节上,农户处于原子化状态,组织较为松散,常年忙于经营自家的责任田,因而,农户参与供给监督和公共产品建成后管护的意识不强,动力不足。

(四)农村税费改革以来农户参与农村公共产品供给动力情况(2000—)

农村税费改革从 2000 年开始在安徽省开始试点,2003 年扩大到全国。2006 年 1 月 1 日起废止《农业税条例》,这标志着我国延续 2600 多年的"皇粮国税"彻底告别历史舞台,农村税费改革基本完成。农村税费改革后,政府对农村公共产品供给的责任大大增加了。上级政府主要通过转移支付来加大对农村公共产品供给的投入。同时,农户负

① "三提五统",是指三项村提留和五项乡统筹。村提留是指村级集体经济组织按规定从农民生产收入中提取的用于村一级扩大再生产、兴办公益事业和日常开支费用的总称,包括公积金、公益金和管理费三项。乡统筹费是指乡镇合作经济组织依法向所属单位和农户收取的,用于乡村两级办学、计划生育、优抚、民兵训练、修建乡村道路等五项事业所需款项的总称。

担得到了减轻,农户参与农村公共产品供给发生了新中国成立70多年来最大的变化,即农户的供给筹资责任已经大大弱化。不过,现有国家财力还很有限,特别是,上级政府转移支付资金不可能实现对所有农村公共产品供给进行大包大揽,在涉及农户某些直接利益的公共产品供给上仍然还需要农户一定数量上的筹资。由于政府制定每年农村公益事业"一事一议"筹资的最高限额,原先乱集资的情况得到了有效遏制,因而,农户参与供给筹资的动力比税费改革前要高。近年来,农户的民主意识有了较大的提升,农户参与供给决策愿望有了很大的提升。农户对供给资金使用情况和农村公共产品供给质量比较关注,有参与供给监督的动力。农户对于农村公共产品的管理和维护重视不够,由于管护通常是义务的,因而动力不足。

从总体来说,新中国成立以来至今,我国农户在不同程度上参与了农村公共产品供给,但因受思想观念、制度、体制、政策和农户自身素质等因素影响,农户参与供给的能动性没能得到充分发挥,其主体性地位没有得到充分体现,这在很大程度上影响了农户参与农村公共产品供给动力的发挥。如何进一步提升农户参与供给的动力,进一步提高供给效率,是当前我国农村公共产品供给实践中需要解决的问题。

第三章　农户参与农村公共产品供给动力的现状：基于山东省的调查

农户参与农村公共产品供给的动力是一种隐性行为，测量和分析其动力，存在较大的难度。从现实来看，只有通过实证调查的方法，才能较好地测量农户参与农村公共产品的动力。本章通过对山东省部分地区的农户进行问卷调查和访谈的方法来获取农户参与农村公共产品供给动力的相关数据，并在此基础上系统分析山东省农户参与供给动力的具体体现、不足之处及其原因，为本书下一步的研究提供基础。

一、实证调查的相关说明

（一）样本村的选取

为了全面和深入了解农户参与农村公共产品供给动力现状，本书选取了山东省 7 个市 20 个样本村开展实地调查。其中青岛市 2 个村、威海市 2 个村、潍坊市 2 个村、泰安市 3 个村、枣庄市 3 个村、菏泽市 6 个村、德州市 2 个村，具体村庄情况如下：

表 3-1　调研样本村的地域分布

区域	行　政　村							
鲁东地区	青岛韩家后寨村	青岛马坊村	威海葛村	威海圈岗村	潍坊大朱庄	潍坊绪泉村		
鲁中地区	枣庄周庄村	枣庄石门村	枣庄东郭后村	泰安黄叶村	泰安草茨村	泰安齐家庄		
鲁西地区	德州辛庄村	德州唐家村	菏泽黄庄村	菏泽台集村	菏泽贾庄村	菏泽鲁谢庄	菏泽桥头村	菏泽什李村

选取上述 20 个村庄作为调研样本村,是基于以下考虑。

第一,样本村所处的 7 个市经济发展水平各异,经济发展各有特色,比较全面地反映了山东省的经济面貌。其中青岛市、潍坊市和威海市地处东部沿海,工业和服务业发展较好,经济较发达。泰安市和枣庄市煤炭等矿产资源丰富,属于资源型城市。近年来,煤炭等矿产资源趋于枯竭,但其他相关产业又有较大发展,经济水平属于中等。菏泽市和德州市地处山东西部,以农业为主,经济欠发达。

第二,20 个样本村地理区位和地貌条件不同,产业结构各异。从地理区位上看,有些村地处城郊,如枣庄市周庄村离城区只有 5 公里;有些村远离县城,地理位置较偏僻,样本村中离县城最远的村离县城有 30 多公里。从地貌上看,有些村庄地处沿海,如威海市葛村,但多数村庄地处内陆。在产业结构上,有些村庄乡镇企业较多,第二和第三产业收入在村庄总收入中所占比例高,经济较发达;有些村庄经济支柱是种植业,主要种植小麦、花生和棉花等经济作物,这些村经济发展水平相对较低。这些都将对农村公共产品的供给需求和农户参与供给产生一定影响。

(二)调查问卷的设计和访谈提纲的拟定

鉴于本书研究目标的需要以及数据的可获得性,本书主要选取涉及与农户利益直接相关的农村水利灌溉工程、村内道路和路灯、生活给排水设施以及生活垃圾处理设施等农村基础设施类公共产品作为研究对象,调查问卷和访谈提纲内容都围绕这四类公共产品来设计的。之所以以上述四类公共产品为研究对象,主要基于以下考虑:第一,这四类公共产品既包括生产性公共产品又包括生活性公共产品,位于村庄内部,与农户的生产与生活密切相关,在农村具有典型性和普遍性。它们能否实现有效供给直接影响农业的生产效率和农户的生活水平,因此,农户为了能更好地获得自己所需的农村公共产品,可能会有相应的参与供给动力、意愿和行为。第二,这四类公共产品有着较强的规模经济特征,空间分布上具有明显的分散性,很难完全通过市场化进行供给,而政府也难以做到统包统揽,因而,农户参与供给具有内在必然性。

1. 调查问卷的设计

调查问卷是本研究获取农户参与农村公共产品供给动力现状的最主要渠道。调查问卷设计的合理与否直接影响到本研究的研究效果。为此,笔者在设计调查问卷中,坚持了以下几项原则:第一,问卷力求语言简练,通俗易懂。针对受访农户文化水平普遍不高的现状,问卷的书面语言力求简练,避免大量使用专业术语,使语言通俗易懂。第二,问卷内容切合实际。问卷内容避免大而空,脱离供给的实际;对于有一些敏感的受访者不愿回答但又必须了解的问题,应尽量通过变换问题的提法来提问,以期获得更多和更有用的信息。第三,问卷覆盖内容全面,题量适中。问卷内容要涵盖本书的核心内容,但题量不能太多,太多会分散农户答题的注意力,难以真实客观地答题。第四,问题选项全面明确。在问题选项设置上,力求周全,尽量考虑到各种可能。同时,保证问题选项明确,不能模棱两可,避免产生歧义。

在设计调查问卷时,笔者充分考虑了本书所需要的各方面信息,在参阅了大量相关的研究成果,特别是在参考了崔宝玉(2009)①和孔祥智(2006)②等人所设计的类似问卷的基础上,对调查问卷内容进行反复推敲,最终从农村公共产品供给现状的评价和农户参与农村公共产品供给动力调查两大方面,共设计了 55 个具体问题,从题量上看较为适中。

2. 访谈提纲的拟定

笔者在拟定针对农户的访谈提纲时,一方面,坚持访谈内容切合实际且紧扣主题。因为访谈只有涉及农户日常生产生活中所必需且比较熟悉的公共产品,如水利灌溉工程、村内道路和路灯、生活给排水设施和村内生活垃圾处理设施等时,农户才有发言权。同时,访谈提纲只有紧扣本书主题,避免偏离主题,才能取得好的访谈效果。另一方面,坚持访谈提纲语言的口语化。由于农户文化水平普遍不高,访谈提纲的语言只有尽量口语化,简洁明了,农户才能理解,才能把自己的看法说出来。在遵循上述原则的基础上,针对农户的访谈提纲共设计 10 个问题,内容既涉及农户参与农村公共产品供给现状的基础性问题,也有如何提高农户参与农村公共产品供给动力的开放性问题,让农户畅所欲言,说出自己的想法。

村干部是农村公共产品供给的重要组织者,对本村农户参与农村公共产品供给现状和上级政府关于农村公共产品供给的政策等比较熟悉,容易认清当前农户参与农村公共产品供给存在的问题背后的原因,对如何激发农户参与本村公共产品供给动力也会有相应的看法。因

①　崔宝玉:《欠发达地区农村社区公共产品农户参与供给研究》,2009 年浙江大学博士学位论文,第 127—131 页。

②　孔祥智、涂圣伟:《新农村建设中农户对公共物品的需求偏好及影响因素研究——以农田水利设施为例》,《农业经济问题》2006 年第 10 期,第 11—15 页。

而,对村干部进行访谈是非常必要的。对村干部的访谈提纲共设计 11 个问题。在设计对村干部的访谈提纲时,注重设计有关农户参与本村公共产品供给的总体情况、农户参与供给动力不足的原因分析以及今后村委会在动员农户参与本村公共产品供给上的具体打算等问题,并且以开放性题目为主,让他们有发挥的余地,从而更容易从宏观上掌握农户参与农村公共产品供给动力现状。

(三)问卷调查和访谈的具体步骤

1. 问卷调查的具体步骤

(1)小范围问卷调查

为了避免一次性调查中可能会出现的内容设计不准确和调查流程不合理等问题,在调查小组全面开展实地调查之前,先通过小规模预调查的方式对调查问卷内容和调查相关流程等进行检验,及时发现问题,并在此基础上进行进一步的修改和完善,为进行大规模实的调查奠定基础。为此,2013 年 2 月期间,利用春节假期,调查小组在泰安市黄叶村进行了一次小范围的问卷调查,共发放调查问卷 30 份,实际收回 29 份。从问卷调查后反馈的信息来看,由于初次设计调查问卷,在内容设计和语言表述等方面发现如下问题:第一,农户对某些专业术语不很了解。如,对农村公共产品的概念,虽然在填写问卷前,调查员已向农户做了解释,但由于部分农户文化水平不高,对其还是难以完全理解。第二,有些问卷的选项概括面不够,但又没有写出"其他"选项,使得一些农户无法选择。

(2)修正问卷具体内容

针对初次调查所反映出的问题,调查小组进行了仔细推敲,提出修改方案,确保问卷内容准确,语言通顺。问卷主要做了如下修改:第一,进一步优化问卷的文字表述,删去专业性较强的专业术语,使用通俗易懂的语言,使得农户更容易理解调查问卷的内容,提高他们答题的兴趣和答题的客观性。第二,进一步细化问题选项,使得问题答案更有针对性,更能准确揭示农户参与农村公共产品供给的现状。

(3)正式问卷调查

为了保证农户可以自由完整地表达自己的真实意愿和调查的有效性,在问卷调查中,笔者将调查对象年龄限定在18—70岁之间。为了增加受调查面和调查的代表性,规定每户只能有一人参加问卷调查,受访者以户为单位,代表本户来参与调查。同时,在调查员清晰说明问卷调查意图之后,通过匿名形式填写调查问卷。

通过分层抽样和随机抽样相结合的方法,抽取了山东省青岛市、潍坊市、威海市、枣庄市、泰安市、菏泽市和德州市20个村作为样本村,样本村涉及16个县(市、区)。2013年7月中旬至8月下旬,在上述地区就农户参与农村公共产品供给动力问题进行了为期40多天的入户式调研。作者本人为本次调研活动的总负责人,负责调研地点的选取和调研的协调工作,笔者所教授的21位思想政治教育专业本科生组成调研小组,参与具体的调研活动。为了便于开展调研活动,依据出生地,将21位同学分成3个组,即青岛市、潍坊市和威海市为第一组(8人),泰安市和枣庄市为第二组(6人),菏泽市和德州市为第三组(7人),每组发放调查问卷200份,三组共发放调查问卷600份,第一、二、三组最终分别收回调查问卷190份、186份和192份,共568份,回收率为94.7%。调查过程中,调研小组只是对调查问卷中一些不易理解的表述进行解释,未对被调查者——农户进行任何形式的心理暗示或倾向性引导,绝大多数农户本着实事求是的态度认真填写调查问卷,表达他们的真实想法,这在很大程度上保证了调查问卷填写的真实性和客观性。

表 3-2 调查问卷的发放与回收情况

	青岛市	威海市	潍坊市	泰安市	枣庄市	菏泽市	德州市
发放调查问卷（份）	70	60	70	100	100	120	80
收集有效问卷（份）	66	60	64	94	92	114	78

2. 访谈的具体步骤

（1）小范围试行访谈

为了检验访谈效果和及时发现存在的问题，2013 年 2 月初，调查小组首先抽取了泰安市黄叶村的 8 位村民和 3 名村干部进行访谈。通过访谈发现，前期所拟定的访谈提纲书面化语言较重，内容不够全面；在选取村民上代表性不强，其中 50 岁以上村民偏多。另外，安排村民和村干部坐在一起访谈，使很多村民有所顾虑，没有将自己的真实意愿表达出来。

（2）修改访谈提纲和组织方式

在总结对黄叶村村民和村干部访谈中存在的问题的基础上，对访谈提纲和组织方式等做了如下修正：第一，修改了部分访谈提纲的文字表述，让所问问题通俗易懂，简洁明了，力求让每位参加访谈的村民一听就懂。第二，将村民与村干部访谈分开进行。为了创造一个安静的环境，对村民的访谈一般是去村民家中，把左邻右舍的村民聚集在一家进行。同时，为了消除村民怕"得罪人"的顾虑，让所有村干部回避。对村干部的访谈主要在村委会里进行，村干部主要包括村支部书记和村委会主任等"两委"班子成员。访谈内容主要涉及全村农村公共产品供给的总体情况，同时，也请村干部为我们提供一些有关本村公共产品供给的书面材料，以便于以后做进一步的个案分析。

（3）正式进行访谈

2013 年 7 月中旬至 8 月下旬，调研小组在各样本村进行问卷调查的同时,对村民进行了访谈。每个样本村选取 6—9 名村民参加访谈,20 个样本村共访谈村民 144 人。访谈的具体步骤是:调研小组先给他们每人一份访谈提纲,让其就访谈提纲的内容思考 10 分钟,然后,每位村民就自己了解的情况各抒己见,不同村民可以互相启发,访谈内容也不仅限于访谈提纲的内容。对各样本村村民访谈的情况大体相似。在访谈起初,大家发言不够踊跃,气氛比较沉闷。但到最后,涉及农户共同利益的问题时,大家发言踊跃,气氛热烈,比较充分详细地说出了自己的看法。

对村干部的访谈,20 个村共涉及 57 人,每村 2—4 名村干部。由于村干部对本村情况比较熟悉,对本村公共产品供给存在的问题分析较为透彻,他们提供的信息量较大,为本书写作提供了不少有益的素材。

3. 整理分析调查问卷和访谈记录

通过对调查问卷和访谈记录的整理,可以看出绝大多数农户填写调查问卷认真,访谈内容较深刻,具体情况如下。

(1)样本农户的基本情况①

本次调查共发放问卷 600 份,回收 568 份。在参与问卷解答的受调查者中,男性居多,占 65.14%;受访者年龄偏大,年龄 51 岁以上占 54.58%,年龄最大者 69 岁,最小者 21 岁;文化水平不高,其中初中及以下占 78.22%;样本户家庭平均人口为 4.1 人。参加访谈的 144 名村民中,男性占 70.83%;受访者年龄也偏大,年龄 51 岁以上占 54.17%,但与接受问卷调查的农户相比,大龄农户比例相对较低。年龄最大者 65 岁,最小者 27 岁;文化水平也不高,其中初中及以下占 78.47%。总

_____

① 调查中规定,每户中只能有一名家庭成员接受问卷调查和访谈,在这里有关受访者的性别、年龄和文化水平等基本信息是指代表每户接受调查的那位家庭成员的基本情况,在此特做出说明。

的来说,样本农户具有较强的代表性。

表 3-3 样本农户的基本情况

受访者 基本信息	比例	参加问卷调查的农户		参加访谈的农户	
		数量	比例(%)	数量	比例(%)
性别	男	370	65.14	102	70.83
	女	198	34.86	42	29.17
年龄	30 岁以下	60	10.56	23	15.97
	31—50 岁	198	34.86	43	29.86
	51 岁以上	310	54.58	78	54.17
文化 水平	文盲	4	0.70	2	1.39
	小学	160	28.17	33	22.91
	初中	282	49.65	78	54.17
	高中	102	17.96	26	18.06
	大专及以上	20	3.52	5	3.47

(2)整理分析调查问卷情况

本次调查问卷回收率为94.7%,回收率比较高,这表明受访村民非常配合本次问卷调查。回收的问卷除4份有破损外,其他564份都完好。从卷面上,只有少数问卷存在1—3题的涂改现象,总体上看,卷面比较整洁。参与调查的学生利用周六周日时间,对调查问卷问题的选项进行逐一统计,统计采取3人一组,共3组,统计完成后,又进行了复核,有效地保障了统计数据的准确性。

(3)整理分析访谈记录情况

在访谈中,每个小组成员都对访谈内容认真地做了书面记录。为了更全面、更准确地收集和整理访谈内容,参加访谈的3个组每组都配备了录音笔,在征得访谈村民同意的情况下,对访谈过程进行录音。每个小组都在访谈结束之后,结合访谈录音,立即进行整理。回学校之后,3个小组对访谈记录进行整合,最终形成了一份关于访谈情况的分析报告。

二、实证调查获取的相关
数据与材料情况

(一)农村公共产品供给现状的调研情况

调查问卷主要针对农田水利灌溉工程、村内道路和路灯、生活给排水设施以及生活垃圾处理设施等四项与农户生产生活息息相关的基础性农村公共产品供给状况进行了调研。

1. 农田水利灌溉工程

农田水利灌溉工程主要分为三类:第一,给排水的动力设施。独立拥有或与其他村共建给排水动力设施的村的数量占样本村总数的80%。第二,排灌渠。排灌渠以水泥渠、石砌渠和土渠为主的分别占50%、30%和20%。多数样本村排灌渠的淤积现象严重,水流不畅通,极大影响了农田水利设施利用效率的提高。第三,蓄水水库或自然湖泊。样本村中,拥有蓄水水库或自然湖泊数量为0个、1—5个、6—10个、11—15个和16个以上分别占30%、60%、10%和0%。蓄水水库或自然湖泊数量普遍不多,不能很好地储存雨季的雨量,通常出现旱季无水灌溉的现象。小型水利设施完好、局部损毁和严重损毁的分别占25%、40%和35%。可见,小型水利设施维护总体情况不乐观。例如,鲁西P村(应样本村村民和村干部匿名受访的要求,在文中对村名和受访者的姓名均用字母代替,下同)现有水渠总长约3公里,宽1.5米,为土渠,为15年前修建的,损毁严重,现已不能正常使用。鲁中G村的灌溉水渠已废弃多年,农户只能通过便携式水泵配以可折叠的PVC水管来进行灌溉,而多数农田离水源地都在100米以上,仅购买PVC水管就需要 1000 元以上。

2. 村内道路和路灯

在 20 个样本村中,村内道路是水泥路、柏油路、沙石路和泥土路的分别占 70%、20%、10% 和 0%。从中可以看出,东部经济发达的青岛和威海市村庄,村内道路硬化的比例要明显高于西部村庄。从硬化道路的宽度来看,东部、中部和西部村庄硬化道路宽度分别在 5—6 米、5—5.5 米和 4—5.5 米之间,其中,鲁西有 4 个村庄的村内道路为 4 米宽,4 米宽的道路错车非常困难,存在安全隐患。样本村村内道路完好、局部损毁和严重损毁的分别占 25%、50% 和 25%。村内道路受损的比例较高的主要原因在于:有些村修建道路的资金不足,施工时,为节约建设成本,路基没有夯实,再加上对道路的后期管护没有跟上,使得道路受损严重。

在样本村中,村内道路中有路灯的占 55%,没有的占 45%。东部村庄村内道路中有路灯的比例明显高于西部村庄。在有路灯的 11 个村中,村内道路路灯完好、局部损毁和严重损毁的分别占 35%、35% 和 30%。路灯完好率也显示出东中部村庄高于西部村庄的特征。例如,2013 年,鲁东 A 村路灯完好率在 90% 左右,而鲁西 S 村在 2005 年就安装了路灯,但由于忽视对路灯的管理,到 2013 年,路灯完好率仅为 65% 左右。

3. 村内生活给排水设施

在 20 个样本村中,使用自来水的村庄占 80%,使用压井水(地下水)的占 15%,使用公用井水的占 5%,直接去河塘取水的占 0%。2008 年以来,20 个样本村共新增供水水塔 10 处,新铺设自来水管道约 13000 余米。2013 年,使用自来水的村庄达到 16 个,有近 85% 的人口喝上了自来水。自来水的普及使农户的饮水安全得到了保障,但自来水的水质有待提高。在鲁东的 F 村,有农户反映该村自来水的杂质较多,甚至认为河水是没有经过净化消毒处理,就直接供给到农户家中。因为他发现每当下大雨,自来水水源地的河水变浑的时候,自家的自来水也是浑的。

在对村内生活污水处理设施的配置上,有排污管道和净化设施的村庄占样本村总数的 25%,有排污管道但无净化设施的占 35%,无排污管道和任何净化设施的占 40%。2008 年以来,20 个样本村共新增排污管道 6000 多米。从这一比例来看,目前多数样本村的生活污水没有做到净化,直接排放到河流中或停留在地表,这会造成环境污染,进而对农村居民的生命健康造成一定的影响。

4. 村内生活垃圾处理设施

在 20 个样本村中,有 4 个村有垃圾桶,并且将垃圾送去垃圾处理厂处理;6 个村有垃圾桶,但垃圾在村内集中填埋处理;其余 10 村无垃圾桶,垃圾随意倾倒。垃圾随意倾倒,一遇到刮风,垃圾满天飞。这在很大程度上影响了村容整洁,也为疾病传播提供了条件。

5. 对农村公共产品的具体需求强度和供给现状的评价

样本村的调查问卷数据显示,分别有 97.54%、95.42%、94.72% 和 93.66% 的农户对农田水利灌溉工程、农村村内道路和路灯、农村生活给排水设施和生活垃圾处理设施表示了非常需要或需要。可见,农户对基础设施类公共产品的供给有很大的需求。其中农田水利灌溉工程需求强度最大,表现出生产性基础设施需求强度大于生活性基础设施需求强度的特征。

对当前农田水利灌溉工程、村内道路和路灯、生活给排水设施和生活垃圾处理设施的供给,回答"完全能"或"能"满足需要的农户分别为 37.68%、50.35%、38.91% 和 29.75%。除有 50% 以上的农户认为村内道路和路灯的供给能满足需求外,认为其他三项供给能满足其需求的农户均不过半数。可见,当前农村基础设施类公共产品供给的现状不容乐观。

(二)农户参与农村公共产品供给动力的调研情况

1. 关于驱动力调研情况

在调查问卷中,涉及驱动力的问题共计 8 个,具体涉及农户对本村农村公共产品供给是否满意;农户参与供给对农户真实需求意愿的表达,提高农户需求的满意度,提高供给水平和效率有什么样的作用;农户在什么情况下愿意参与供给;农户参与供给的最好方式是什么等问题。调研中发现,农户对本村农村公共产品供给满意度还不高,这表明提供农户对进一步提升农村公共产品供给的质量和数量具有很大的期待。多数农户认为农户参与供给对其真实需求意愿的表达,提高农户需求的满意度,提高供给水平和效率有着很大的作用。农户对参与供给积极性较高,但前提是少出资,不想增加家庭的负担。

2. 关于内促力调研情况

调查问卷有 17 个问题涉及内促力的相关内容,具体涉及农户参与农村公共产品供给的"一事一议"决策渠道是否畅通;融资渠道是否畅通;农户是否愿意参与农村公共产品供给的决策、筹资、监督和建成后的管护;农户是否参与过农村公共产品供给的决策、筹资、监督和建成后的管护;影响农户参与农村公共产品供给的决策、筹资、监督和建成后的管护的原因分析等。从调研中发现,农户愿意参与农村公共产品供给的决策、监督和建成后的管护的比例均在 90% 以上,但实际参与过决策、监督和建成后的管护的比例均不到 50%。与此形成鲜明对比的是,农户愿意参与农村公共产品供给筹资的比例仅为 51.23%,而实际被迫参与筹资的比例高达 85%。认为影响农户参与供给决策和监督的主要原因在于决策渠道和监督的不畅,影响参与筹资的主要原因在于筹资金额过大会影响到家庭的生活和周围人的参与比例低,影响参与建成后管护的主要原因在于缺少对参与管护的农户给予经济补贴。

3. 关于支持力调研情况

在调查问卷中,涉及支持力的问题共计 13 个,具体涉及财力、智力、制度、政策和技术支持等五个方面。在财力支持上,问及政府对农村公共产品供给的财力支持力度如何,多数受调查者认为财力支持力度还不足。在智力支持上,涉及农户是否愿意参与对农村公共产品供给的筹资和筹劳;村庄精英能否对普通农户参与供给起到示范驱动作用等问题。从问卷数据看,多数农户参与农村公共产品决策、监督和管护的意识较强,但筹资意愿不足;多数农村精英参与供给的示范作用没有显现。在制度支持上,村民自治制度有待加强和完善。在政策和技术支持上,涉及保障农户参与农村公共产品供给的政策是否完善;供给技术支持是否到位等问题。调研发现,虽然免除农业税政策为参与供给提供了政策支持,但具体支持农户参与供给的政策还有待完善,供给的技术支持也没有完全到位。

4. 关于外推力调研情况

调查问卷涉及外推力的问题共有 3 个,具体包括新农村建设目标和城乡一体化目标的实现以及农村经济发展等能否推动农户参与农村公共产品供给。多数受访者认为新农村建设目标和城乡一体化目标的实现以及农村经济发展等对农户参与供给具有推动作用。但新农村建设的长期性和艰巨性、城乡二元供给体制的长期存在、农村经济发展不平衡与农户间收入差距大等因素又制约了农户参与供给的积极性。因而,外推力还有待进一步加强。

三、农户参与农村公共产品供给
动力的现有体现

通过问卷调查和群众访谈,我们对农户参与农村公共产品供给动

力有了较为深入的了解,发现不少农户可能没有实际的参与供给行为,
但却有强烈的参与意愿,有着一定的参与动力。

(一)驱动力的现有体现

1. 体现农户真实需求意愿的要求

由于我国长期在农村公共产品供给中实行自上而下的供给决策机制,农户通常被排斥在供给决策之外,农户真实的需求意愿难以得到满足。因而,农户认为通过创新供给机制,让其参与农村公共产品供给实属必要。农户对通过参与供给来有效表达自己真实的需求意愿有很强的期待。在样本户中,认为有"很大作用"和"一定作用"的农户分别占71.83%和15.49%(表3-4)。这表明农户对参与供给有着很大的期望和较强的动力。

表3-4　您认为农户参与供给对其真实需求意愿的表达有什么作用?

	户数	比例
样本户	568	100%
很大作用	408	71.83%
一定作用	88	15.49%
基本不起作用	48	8.45%
完全不起作用	24	4.23%

2. 提升农户需求满意度的要求

调研中发现,多数样本村的农村公共产品供给普遍存在供给数量不足、质量低下和效率不高等问题,农户的供给需求没有得到很好满足。在问及"对您村农村公共产品供给现状满意吗?"时,样本户回答"不太满意"和"很不满意"的分别占43.31%和10.21%(表3-5)。可见,农村公共产品供给现状不理想,农户对供给满意度不高。具体原因:第一,农户经常被排斥在供给决策之外,使得对供给的农村公共产

品满意度不高。鲁西 N 村是一个农业大村,但村内农业灌溉水渠多年失修,多数水渠已丧失灌溉功能,农田主要靠自然降雨灌溉。2009 年底至 2010 年初,鲁西地区出现冬春连旱,这导致该村小麦减产严重,随后,村"两委"向上级政府积极争取修建水渠资金 20 万元,农户需要投劳。但水渠规划选址主要由村干部和县水利部门来决定,没有事先广泛争取村民意见,农户未参与相关决策。由于在灌溉水渠工程规划中未充分顾及不同村民组的农田分布,导致有两个村民组的农田离水渠较远,灌溉效果较差。这两个村民组在投劳中不够积极,并在以后的水渠管护中也没有很好履行自己的职责。第二,农户最急需的公共产品没有得到有效供给。在以政府决策为主导的农村公共产品供给体制下,政府官员为了"政绩"的需要,通常会提供能看得见的硬公共产品,而对短期难见效的软公共产品的供给不够重视。例如,近年来,鲁东 C 村发展大棚蔬菜种植,经济发展较为迅速。该村村内道路等基础设施修建较好,但上级政府对他们急需的农村科技和市场服务不够重视,有关农业害虫的防治预报经常不及时,蔬菜的市场供求信息也不能及时提供。这使得该村农户对本村农村公共产品供给的满意度不高。在这种情况下,农户有着一种期待,那就是希望自己能参与到农村公共产品供给中去,使供给的产品更符合他们的需要。在被问及"您认为农户参与农村公共产品供给能提升农户需求的满意度吗?"时,有 88.73% 的农户认为"能"(表 3-6)。这表明绝大多数农户有着通过参与供给来提升自己的需求满意度的内在驱动力。

表 3-5　您总体上,对您村农村公共产品供给现状满意吗?

	户数	比例
样本户	568	100%
满意	78	13.73%

续表

	户数	比例
基本满意	186	32.75%
不太满意	246	43.31%
很不满意	58	10.21%

表 3-6　您认为农户参与农村公共产品供给能提升农户需求的满意度吗?

	户数	比例
样本户	568	100%
能	404	88.73%
不能	40	7.04%
说不清	24	4.23%

3. 满足农户对公共产品需求结构的升级和需求质量提升的要求

随着农业生产力的快速发展,农户经济收入水平得到了很大提高,农业生产、农户生活和农村发展也日益现代化,农户需求的重点逐渐从基本生存型需求转向发展型需求。这必然带动农户整个公共需求结构的不断升级和需求质量的不断提升,具体表现在对社会养老服务、公共医疗卫生服务和义务教育等农村社会保障类的公共产品,对农村交通道路建设、通信设施建设、江河治理和害虫防治等生产性公共产品以及对生活饮用水和农村环境等农村生活类公共产品的供给质量有更高的要求。① 例如,近年来,鲁东 E 村的农村生活垃圾和生活污水实现了集中处理,村内环境有了大的变化,但不少农户认为虽然村内环境有了较大的改善,但与城市社区还有很大差别,还存在不足。具体不足有:第一,村庄没有封闭,不够安全,失窃现象时有发生。村委会也打算修建围墙,但农户都想在离家最近的地方设置出村路口,不易达成一致意

---

① 艾医卫、屈双湖:《建立和完善农村公共服务多元供给机制》,《中国行政管理》2008年第10期,第69页。

见。第二,休闲活动场所不足。虽有建设规划,但因资金不足,一直无法实施。第三,村内绿化缺少管护,损坏较严重且绿化严重不够。修建围墙需要农户积极参与决策,形成统一意见;休闲场所的修建离不开农户的筹资;村内绿化需要农户的管护。可见,农户要想获得更高质量的农村公共产品,必须要参与到农村公共产品供给的相关环节中去。只有这样,农户获得高质量的农村公共产品才有保障。

4. 满足农户追逐利益的要求

由于目前我国多数地方政府的财力有限,无法做到对农户全部所需公共产品的及时供给,而农村准公共产品又具有一定的排他性,为了使此类公共产品能得到有效供给,可以通过市场力量开展供给。具体来说,就是通过向使用者收费来补偿农村准公共产品的成本,并有一定获利,以激励政府以外的主体开展此类公共产品的供给。随着经济的发展,特别是农村民营经济的快速发展,农户富裕程度不断提高,部分农户积聚了大量的资金。作为“理性经济人”的农户在有了一定的财富积累之后,便要寻求资金增值的机会。在政府不能充分供给农村公共产品的情况下,富裕农户为了使自己的资金升值,获得一定的经济利益,便有了参与农村准公共产品供给的内在动力。部分富裕农户在访谈中表示,只要有一定的收益,他们愿意将资金投入农村准公共产品供给,来解决农村准公共产品供给不足问题。

5. 提升农户民主意识的要求

在日常社会生活中,农户不仅要做“经济人”,而且也要学做“政治人”。农户只有不断积极地提升自身的民主意识和民主参与技能,才能更好参与各种民主政治活动,维护好自己应有的权利。农户通过参与农村公共产品供给决策和监督等活动,可以很好地学习和锻炼参与民主政治的技能,体验民主权利,并在此基础上,可进一步提升自己的民主意识。从样本村的访谈中发现,多数受访的中青年村民对参与农村公共产品供给决策和监督活动的热情较高,他们普遍认为参与供给决策和监督可以进一步感知到民主权利的行使对公共事务管理和对公民个人的重要性,进而使自己的民主意识得以进一步提升。

(二)内促力的现有体现

1.实现供给决策民主化的需求

当前我国农村公共产品供给实行的仍然是自上而下的决策体制。在这一体制下,政府在农村公共产品供给中处于主导地位,拥有绝对的话语权,通常在有关供给数量和范围等事务上"为民做主",而此时的农户由于缺少参与供给决策的机会,其真实的需求意愿难以充分表达出来,这必然会导致政府提供的农村公共产品与农户实际需求不符,进而造成供给效率低下。实践表明,只有让农户参与到供给决策环节中来,使其拥有话语权,让其献言献策,并将供给的选择权交给农户,才能真正实现供给决策的民主化,保障有效供给。可见,实现供给决策民主化,进而实现供给有效性的需求促使农户有参与供给决策的动力。

2.拓宽供给筹资渠道的需要

对处于发展中国家序列的中国来说,多数地方政府的财力还较有限。在农村公共产品供给中,单一政府供给主体难以提供充足的供给资金。因而,在供给资金筹措上,实行"政府核心责任+多元主体分摊"型成本分摊机制是必然选择。农户是农村公共产品供给的受益者和消费者且收入水平逐步提高,有一定的经济实力,因而农户理应成为多元筹资主体中的重要一元。农户在一定程度上通过出资的方式对农村公共产品供给提供资金支持,可以有效拓宽供给筹资渠道,有助于解决农村公共产品供给资金不足的问题。① 因而,农户基于农村公共产品顺

---

① 方建中:《农户参与农村公共服务供给模式研究》,《江苏行政学院学报》2011年第6期,第56页。

利供给必须要广开供给筹资渠道的考虑,在一定程度上产生了参与供给筹资的动力。

3. 加强供给资金监管的需要

当前农村公共产品供给资金不仅总量不足,而且供给资金管理混乱和浪费严重等现象比较突出。其中,政府用于农村公共产品供给的资金被层层截留现象较为常见。据有关部门统计分析,国家每年用于农村基本建设的供给资金能真正形成生产能力的竟不足60%。[①] 剩下的供给资金有可能被转变为办公经费由政府官员挥霍浪费,甚至部分资金直接进入某些政府官员的个人腰包。这严重制约了多数地方农村公共产品的有效供给。如何让有限的资金发挥最大的效用则要依赖供给资金的有效监管,使供给资金使用规范化。在当下反腐高压政策下,这样的腐败是要坚决杜绝的,而杜绝的有效措施就是供给资金的使用要接受相关利益主体的监督。农户是农村公共产品的直接使用者。供给资金多少以及能否合理地被使用都将影响到供给的效果,与农户利益直接相关。通过农户对供给资金使用去向、具体数额和取得效果等方面的监督,可有效规范供给资金的使用行为,提高供给资金的使用效率。因而,农户会有对关系到其生存命脉的农村公共产品供给资金进行监督的潜在动力。

4. 实现建成后农村公共产品有效管护的需要

农村基础设施类公共产品建成后的管理和维护是确保此类公共产品能够长期使用的重要保障。没有良好的管理和维护,农村基础设施类公共产品很容易受损,影响其正常运行,制约农村公共产品效益的有效发挥。但是,目前政府对农村公共产品供给普遍存在"重建轻管"的倾向。农户参与农村公共产品建成后的管护,一方面,可以大大提高管

---

① 徐小青:《中国农村公共服务改革与发展》,人民出版社 2008 年版,第 25 页。

护的效率。农户对这些农村公共产品的特性比较熟悉,知道其在哪些方面特别需要维护。尤其是,在公共产品受损或故障发生初期,农户能及时发现问题,及时维护,减少后期维修的成本。因而,与其他人相比,农户参与农村公共产品建成后的管护有着独特的优势。另一方面,可以节省管护的成本。由于农户与农村公共产品直接接触,农户参与管护,可以省去其他中介环节,节约管护的成本。可见,农户为了能正常使用基础设施类农村公共产品,必须参与到对其建成后的管护中来,这促使农户有参与建成后管护的动力。

(三)支持力的现有体现

1. 农户整体收入不断提高为其参与供给提供了财力支持

农户参与农村公共产品供给的一项重要内容是必须在一定程度上参与公共产品供给的筹资。如果农户的收入过低,大多数农户仅能达到温饱水平,还在为生计问题不停地奔波,甚至还有一些农户生活处于温饱线以下的话,那么农户参与公共产品供给尽管很有优势,但也难以很好实施。

2012 年和 2013 年,全国农村居民人均纯收入分别为 7916.6 元和8895.9 元。2012 年和 2013 年,山东省农村居民人均纯收入分别为9446.4 元和10619.9 元,分别高于全国农村居民人均纯收入19.32%和19.38%。[①] 可见,目前农户整体收入有了很大的提高,特别是,经济发达地区农户整体收入的增幅更大,多数农户具有了一定的财力。这为农户参与农村公共产品供给提供了财力支持。

2. 农户参与意识不断增强为其参与供给提供了智力支持

农户参与供给的意识强弱直接影响到农户参与供给的程度,进而

---

① 数据来源:《中国统计年鉴-2014》,中国统计出版社 2014 年版;《山东统计年鉴-2014》,中国统计出版社 2014 年版。

影响到农户参与供给的效果。从 20 世纪 90 年代开始,我国在全国范围内实施"两基"工程,即基本扫除青壮年文盲和基本普及九年义务教育。经过 20 多年的努力,我国城乡居民,尤其是农村居民的文化素质有了较大程度的提高。同时,各级政府和农村基层组织通过广播电视和网络等媒体进行宣传教育,使农户的民主意识和参与意识有了较大提高。

通过对样本村的问卷调查,可知愿意参与供给决策、筹资、监督和建成后管护的农户分别占 88.38%、51.23%、86.62% 和 81.69%(表3-7)。除在参与供给筹资环节上,意愿较低外,在决策、监督和建成后管护环节上,农户参与意愿都很高。总的来看,农户参与供给的意识较强,这为参与供给提供了智力支持。

表3-7 农户参与农村公共产品供给的意愿

	样本户	愿 意		不愿意	
		户数	比例	户数	比例
您是否愿意参与农村公共产品的供给决策?	568	502	88.38%	66	11.62%
您是否愿意参与农村公共产品供给的筹资?	568	291	51.23%	277	48.77%
您是否愿意参与农村公共产品供给资金支配和供给质量的监督?	568	492	86.62%	76	13.38%
您是否愿意参加农村公共产品建成后的管护?	568	464	81.69%	104	18.31%

3. 村民自治制度的建立为农户参与供给提供了制度支持

20 世纪 80 年代以来,村民自治制度在全国农村纷纷建立。1998 年正式颁布的《村民委员会组织法》(以下简称《村组法》)对村民自治组织的义务、权利、实施程序和具体的财力保障等做出了详细的规定。《村组法》第 2 条明确规定村民委员会具有办理本村公共事务和公益事业的义务,这意味着村民委员会要成为处理农村公共事务的重要主体之一。在《村组法》第 37 条又规定村民委员会应该通过召开村民会议来筹资筹劳，解决实施本村公共事务和公益事业所需的经费，这要求村民委员会在公共服务和供给中发挥积极作用。之所以有这样的规定，是因为村民自治制度安排的最初目的在很大程度上是为了解决家庭联产承包责任制实施后，集体经济组织弱化所带来的农村公共产品供给不足问题。① 事实表明，村民自治制度实施以来，其自主管理和自主服务的方式有效地推动了农村经济和社会的发展。它对农户进行自主供给的条件和具体程序等做出了明确的规定，这为有效地组织领导农户参与农村公共产品供给奠定基础。因此，村民自治制度的建立为农户参与农村公共产品供给提供了有力的制度支持。

4. 免除农业税政策及其他一系列惠农政策的出台为农户参与供给提供了政策支持

2000 年，中央选取安徽省作为税费改革的试点省进行改革，试点包括"三取消、两调整、一改革"②。2001 年，试点扩大到江苏省。2003 年，税费改革在全国范围展开。2004 年，又选择黑龙江和吉林两省进行免除农业税的试点。2006 年，实施了 48 年的《中华人民共和国农业税条例》正式废止，在全国范围内全面取消农业税，这标志着延续 2000 多年的皇粮国税正式退出中国的历史舞台。③ 同时，中央出台了一系列的惠农政策，例如，加大上级财政转移支付力度，实施各种农业综合补贴、良种补贴和农具补贴等。④ 这一系列"免补"政策的出台大大降

---

① 梁淮平、吴业苗：《村民自治制度安排与农村公共产品供给》，《云南行政学院学报》2007 年第 3 期，第 71 页。

② "三取消、两调整、一改革"具体是指"取消乡统筹，农村教育集资等专门面向农民征收的行政事业性收费和政府基金、集资，取消屠宰税，取消劳动积累工和义务工，调整农业税；调整农业特产税，改革村提留征收使用办法"。

③ 赵海燕：《基于需求的农村公共产品供给体制研究》，中国农业出版社 2013 年版，第49—50 页。

④ 何平均：《中国农业基础设施供给效率研究》，经济科学出版社 2012 年版，第 44 页。

低了农业生产的成本,减轻了农户的经济负担,提高了农户的经济收入水平,使农户参与供给筹资具备了一定的经济基础。可见,这些"免补"政策的实施为农户参与农村公共产品供给提供了间接的政策支持。

(四)外推力的现有体现

1. 实现新农村建设目标推动农户参与供给

社会主义新农村的"生产发展、生活宽裕、乡风文明、村容整洁、管理民主"建设目标为农民提供了美好的愿景。而"生产发展"离不开农村生产基础设施的保障,因为没有合适的农村水利设施和电力设施等,农业生产就难以开展。"乡风文明"的形成需要以提升农民的文化道德修养为保障,而农民文化道德修养的提升则需要不断增加图书室、活动室和文化大院等农村文化娱乐设施产品的供给以及"送戏下乡"和"送知识下乡"等一系列精神文化产品的提供。同样,"村容整洁"也不离开农村生活性基础设施的供给。没有硬化的道路,村民在雨天出行会不便,车辆难以进村入户;没有自来水和污水处理设施,村民的饮用水安全就难以保障,污水难以及时处理,"村容整洁"就无从谈起。可见,社会主义新农村建设"十六字"目标的实现是要以农村公共产品的有效供给为保障的。但当前政府这一单一主体还难以有效保障供给,一方面,政府的供给资金不足,另一方面,政府的供给还难以完全体现农户的供给意愿。这需要农户参与农村公共产品供给决策、筹资和监管等活动。只有农户参与供给,新农村建设目标的实现才有保障。在被问及"新农村建设对推动农户参与农村公共产品供给的作用如何?"时,69.36%的农户认为是"有作用"或"有较大作用"(表3-8)。因而可以看出,新农村建设目标的实现对推动农户参与农村公共产品供给具有一定的促进作用。

表3-8　您认为新农村建设对推动农户参与农村公共产品供给的作用如何？

	户数	比例
样本户	568	100%
有很大作用	108	19.01%
有较大作用	286	50.35%
作用不大	146	25.71%
没作用	28	4.93%

2.实现城乡一体化目标推动农户参与供给

我国城乡差距的长期存在造成了社会的不稳定，也影响了社会的和谐。城乡一体化的目标近年来被提出，城乡一体化又是一个被广大农民寄予厚望的美好愿景，对广大农民具有极大的吸引力。城乡一体化的一个重要内容就是实现城乡公共产品供给的均等化。而城乡公共产品供给的均等化，一方面，需要政府实施均等化的供给政策。但目前均等化的供给政策难以完全实施到位，政府难以向农村提供与城市完全一样的公共产品。在政府不能为农村提供与城市相同的公共产品时，农民自身必然会有尝试通过自主方式提供相应公共产品的动力，如一些农村地区修建广场和安装路灯等。另一方面，由于单一政府供给主体会造成供给的"垄断"，使得农民话语权丧失，导致供给的低效率，同时，也会面临资金不足的瓶颈。农户等其他供给主体的参与能大大提高供给效率。这使得城乡公共产品供给的均等化有了保障，也最大限度地为城乡一体化目标的实现提供了保障。城乡一体化目标的实现推动农户参与供给。样本户对城乡一体化目标对推动农户参与供给的作用也较为认同，认为"有作用"或"有较大作用"的占71.30%（表3-9）。

表 3-9　您认为城乡一体化对推动农户参与农村公共产品供给的作用如何?

	户数	比例
样本户	568	100%
有很大作用	157	27.64%
有较大作用	248	43.66%
作用不大	145	25.53%
没作用	18	3.17%

3. 农村经济发展为农户参与供给提供经济基础

近年来,随着社会主义市场经济体制的建立和完善,我国农村经济日益活跃,农村经济总量每年以 10% 以上的速度增长,农村经济得到较快发展。特别是,不少农村地区乡镇企业的兴起使得农村集体经济发展壮大起来,农村剩余劳动力得到了合理及时的转移,农户整体收入有了很大提高,这为其参与供给创造了经济条件。可见,农村经济的发展可为农户参与供给提供经济基础。样本户也认识到农村经济发展对推动其参与农村公共产品供给具有较大作用,他们认为"有作用"或"有较大作用"的占 87.15%(表 3-10)。

表 3-10　您认为农村经济发展对推动农户参与
农村公共产品供给的作用如何?

	户数	比例
样本户	568	100%
有很大作用	263	46.30%
有较大作用	232	40.85%
作用不大	63	11.09%
没作用	10	1.76%

四、农户参与农村公共产品供给
动力不足之处

在对山东省七地市部分农户进行走访和调查问卷中发现，虽然农户在参与农村公共产品供给中存在一定程度的驱动力、内促力、支持力和外推力，但也同时发现农户参与供给的动力还远未能很好地被调动起来。

（一）驱动力不足之处

1. 农户机会主义倾向的存在使得农户集体行动经常受阻

机会主义行为是指一种人们基于信息的不对称，利用虚假的、非真实威胁或承诺等手段谋取个人利益的行为，如偷懒、违约、科技成果剽窃等。[①] 机会主义行为本质上是一种损人利己行为。它鼓励"奖懒罚勤"，抑制了人们在生产生活中积极性的发挥，造成社会的不公平和不公正，无法形成积极竞争向上的良好社会风气，给社会带来很大的损失。

在信息不对称的情况下，作为"理性经济人"的农户在集体行动中具有机会主义的倾向。在参与农村公共产品供给中，农户主要表现出"搭便车"行为。由于包括农村道路等农村公共产品具有非排他性，很难排除未参与筹资筹劳农户的使用，这使得农户的收益和其付出出现不匹配，是对参与筹资筹劳农户的一个打击，又是对未参与筹资筹劳而同样可使用公共产品的农户行为的一种激励。由于农户行为的"示范性"效应，部分农户的"搭便车"行为会被其他农户模仿，弱化其他农户

---

① 崔宝玉：《欠发达地区农村社区公共产品农户参与供给研究》，2009 年浙江大学博士学位论文，第 64 页。

参与供给的动力,最终可能会出现没人愿意参与筹资筹劳的情况。受访者在被问及"影响您参与农村公共产品筹资的主要原因有哪些?"时,回答"周围人的参与比例"占 57.75%(表 3-11),这有力地证明了农户机会主义倾向的存在。这种农户机会主义倾向的长期存在必然会导致农户参与供给行动的"集体困境",使农户无法正常参与供给。

表 3-11 影响您参与农村公共产品筹资的主要原因有哪些?(可多选)①

	户数	比例
样本户	568	
周围人的参与比例	328	57.75%
筹资金额过大会影响到家庭的生活	342	60.21%
农村公共产品的需求程度	198	34.86%
政府及村委会是否组织动员	142	25.00%
其他原因	102	17.96%

2. 供给难以满足所有农户的需求,影响了部分农户参与供给动力的发挥

由于农户间经济条件的差异、住处地理位置的不同和种植作物的不同,则会导致同一村庄不同农户对同一种农村公共产品需求强烈程度的不同。当某些农户认为某一农村公共产品超出自己现有的需求范围,对其需求的强烈程度会较低,他们就会表现出较低的参与动力。在鲁西 Q 村调研发现,该村村内有 4 条水泥路,修建于 2006—2007 年间,每条路宽为 4 米,路况较好。2012 年春季,部分农户提议筹资拓宽村中的一条主干道,由 4 米拓宽为 7 米。由于该村村内道路已达省里规定的"村村通"的标准,该条道路的拓宽属于改善性道路改造,上级政府没有相应的配套补助,需该村完全自筹。4 月初,该村召开村民大

---

① 因为是多选,所以各选项所占比例之和超过 100%。

会,村委会向村民大会提交筹资方案,方案计划每人需筹资 30 元。为了不突破"一事一议"15 元的筹资上限,村委会准备分两年筹资。结果此项提议遭到超过一半的村民反对,未能通过。原因何在? 经了解,该项提议是由居住在村西头的三位粮食种植大户提出的,因为这三位种植大户家中拥有大型收割机 1 台和大货车 2 辆,该条道路是他们进出村的必经之道,由于道路过窄,大型收割机和大货车进出困难,所以,想拓宽他们家门前的这条道路。而其他村民多为小规模种植户,农闲在城里打工,他们认为拓宽道路完全没有必要,不愿出资,最终该项提议夭折。从这一实例中可以看出,由于农户的需求的不同,他们参与供给的动力则有很大差异。

3. 参与供给获利的困难性使得富裕农户难有独自进行供给的动力

部分农村准公共产品由于具有较强的排他性,在政府难以有效供给的情况下,富裕农户(通常是村内企业的老板或种植大户等)可以进行投资,建成后,通过收费使用形式收回投入成本,并获取一定利润。但实际上,对于村内基础设施类公共产品进行投资,获利存在较大的困难性。一方面,村内基础设施类公共产品多数排他性较弱,如村内道路和路灯难有排他性,难以通过收费的方式收回成本,更不用说获利了,所以,富裕农户对单独出资修建这些设施兴趣不大,供给的动力不足。另一方面,针对排他性较强的村内农村公共产品供给,如自来水设施等,也难以获利。调研发现鲁中 K 村在 20 世纪 90 年代初期,由于该村地处山区,地下水开采困难,使得村民饮用水紧缺。当时,本村两家富裕农户(他们为该村建材厂的投资人)主动出资兴建本村小型自来水厂,建成后,农户通过付费来有偿使用自来水。但建成后,农户们认为水费太高难以承受,且水质不好,很多农户弃用或直接拖欠水费,最后,自来水厂被迫关闭,农户自行寻找水源,解决饮用水问题。为什么供给失败呢? 因为村内自来水供给规模较小,而管道铺设和净水设备等成本较大，维护成本也较大，相应只有提高水费，才能较快收回成本并有一定盈利，这导致多数农户不满。另外，还有部分农户不交费，私接管道用水难以避免，浪费也严重，所以，通过这种富裕村民团队供给的方式供给农村公共产品，获利困难较大，富裕农户独自供给的动力必然不足。

4.一些农户长期从事非农产业且在外居住，对供给无太多需求，难有参与供给动力

随着农村经济的发展，农户单纯从事农业生产的情况已经很少，很多农户都兼营非农产业。农业收入在多数农户的家庭总收入中所占比例逐年递减。在样本村中，农业收入占全家总收入51%以上的家庭仅占47.53%（表3-12），这说明当前大量农户在从事非农产业。同时，还有不少农户在县城或镇上购买了商品房居住，一年内大部分时间不在村内。这一现象在经济发达地区农村表现得更为明显。鲁东B村所在市是全国百强县（市），经济条件好，全村有70%—80%的农户在外从事非农产业，不少在市里和镇上购买了住房，家中的责任田一般只有2—3亩，多转租给其他农户耕种。他们只有在逢年过节的时候在家，其他时间忙于在外的事务。因而，他们对参与水渠修建等农业基础设施类和村内道路等社区生活设施类公共产品的供给需求意愿不足，对参与供给表现出动力不足。

表3-12　您家的农业收入在全家总收入中占多大比例？

	户数	比例
样本户	568	100%
25%以下	46	8.10%
26%—50%	252	44.37%
51%—75%	210	36.97%
76%以上	60	10.56%

5. 农户参与供给的自主性不足制约了农户参与供给的动力

(1) 基层政府对供给的干预使得农户参与供给的自主性不足

当前多数农村公共产品供给离不开政府的资金支持，一般采取政府专项补贴和农户自筹部分资金相结合的方式。在调研中得知，对于以政府提供资金为主进行的农村公共产品供给，其决策多数是由政府"自上而下"做出。农村公共产品供给的数量、种类、具体供给方式以及基础设施类公共产品建设的具体规划等通常是由基层政府和有关部门根据自己偏好来替农户做出决定。在这种决策体制下，农户对农村公共产品的真实需求难以有效表达出来，通常是被动接受，无法自主选择农村公共产品，农户参与供给的自主性明显不足。在样本户中，认为"很受干预"和"受一定干预"的达到81.69%（表3-13）。

表3-13　您认为农户在农村公共产品供给中受基层政府的干预吗？

	户数	比例
样本户	568	100%
很受干预	202	35.56%
受一定干预	262	46.13%
不受干涉	104	18.31%

(2) 村民自治组织的代替决策使普通农户的话语权缺失

在以村集体或农户筹资为主进行的农村公共产品供给中，不少村长期不召开村民（代表）大会，在涉及供给具体决策时，多由村"两委"班子和村民组长等讨论决定，普通农户对供给决策缺失话语权。这可能会导致普通农户对筹资具体数额和供给的具体内容等表示不满，进而抵制参与供给活动。2012年下半年，鲁西M村大旱，农作物需要提水灌溉，但该村多数水渠长期废弃，需要维修。由于该村常年外出务工和做生意的农户较多，使得该村难以组织召开村民代表大会进行"一事一议"来筹集水渠维修经费，随后，村"两委"班子直接研究决定该村每个村民需筹资 15 元,但遭到了不少村民的反对,原因是没召开村民大会对此进行表决,并且认为该方案没有考虑每户拥有农田的多少,有失公平。最终,该方案没能实施。

(3)宗族势力的影响使得农户参与供给的自主性不足

传统农村居民多以血缘为纽带,聚集而居,村庄通常由一个或数个人数较多"大姓"为主,再加上人数较少的若干个"小姓"组成。虽然现代社会中,血缘关系对维系农村社会的作用在减弱,但在经济相对落后和相对闭塞的村庄里,宗族势力在决定村庄事务过程中依然有较大作用,其中包括占优势的某一个或某几个宗族势力通过"院外活动",达成临时性联盟,甚至使用威胁和强制等手段来左右农村公共产品供给的决策,从而产生"多数人暴政"。在鲁西 T 村调研得知,该村村民以刘姓为主,该村支书长期由一名刘姓村民担任,但该村支书前几年因为经济问题被免职,后改由孙姓村民担任。不过,前支书刘某在刘姓家族中仍有很大威望,后来实际上成了该家族的"族长"。他经常插手村内事务,在涉及农村公共产品供给投票表决时,通过游说等手段要求本族的人在参与供给中态度和行动保持一致,左右投票结果。慑于他的威望,不少村民难以表达出自己的真实意愿,其参与供给的自主性受到严重影响。

由于受基层政府、村民自治组织和宗族势力等因素的影响,农户难以表达自己的真实供给需求,部分农户对"一事一议"等制度在供给中的作用表示质疑,进而可能拒绝参与供给活动。

(二)内促力不足之处

1. 参与供给决策渠道的不够顺畅抑制了农户参与供给决策动力发挥

参与渠道的畅通是保障农户参与农村公共产品供给决策的重要前

提。当前农户参与供给决策的主渠道是"一事一议"制度。样本村中都已经实施了"一事一议"制度,但"一事一议"制度在实施过程中还存在不少问题。

(1)参与率不高

在样本户中,选择没参与过"一事一议"的农户占53.87%(表3-14)。可见,"一事一议"参与率不高。农户参与率较低的原因有:第一,农村劳动力大量外流,难有时间参加"一事一议"。样本村中农村劳动力外出经商和务工等情况普遍。有25.35%的受访者认为没有参与"一事一议"是因为没有时间(表3-15)。在鲁西S村发现,该村以农业生产为主,人口2100人左右,耕地2300亩,人均耕地1.1亩。近年来,农业机械化程度较高,其中有1500亩耕地流转给种植大户种植,出现大量剩余农村劳动力。外出务工人数有400多人,这些基本上都是青壮年劳动力。这些劳动力只有在春节期间才能集中回乡,因而,在平常很难凑齐"一事一议"制度所规定的参加比例人数。近三年,仅有的"一事一议"事项是在2013年春节期间进行的,但结果还不够理想。第二,没有有效的参与渠道。由于一些村规模较大,需要选取村民代表参加村民代表大会。在选取村民代表时,由于程序不规范,村干部有选择地让党员代表、村民小组长、村中种植大户、村办企业负责人以及与村干部关系好的、好商量的村民等参与"一事一议"决策,导致普通村民通过村民代表大会进行"一事一议"决策的比例减少。在鲁中L村,很多农户不知道村民代表是如何选出来的,对村民代表的选举程序表示质疑,同时,对他们能否真正体现自己的利益需求表示担心。在回答"您认为有的农户没有参与农村公共产品供给决策的主要因素有哪些?"时,有74.30%的样本户选择"没有参与渠道"(表3-15)。第三,参与动机不强。很多农户认为不管什么样的决策结果自己都能接受,只要大多数人同意的事项,自己也同意。在样本户中,这类人占

40.14%（表3-15）。

表3-14　您是否参与过农村公共产品的供给的"一事一议"决策？

	户数	比例
样本户	568	100%
参与过	262	46.13%
没参与过	306	53.87%

表3-15　您认为有的农户没有参与农村公共产品
供给决策的主要因素有哪些？（可多选）①

	户数	比例
样本户	568	
没有参与渠道	422	74.30%
没有时间	144	25.35%
参与动机不强	228	40.14%
其他	50	8.80%

（2）表达意愿不够畅通

在样本户参与供给中，多数农户认为能按照自己的意愿进行表决，但有47.53%的农户选择"不够通畅"和"不通畅"（表3-16）。其中一个原因是在投票前，村干部或自己亲戚朋友等对其进行动员，要求按照他们的意愿来投票。一些样本村农户反映这种情况并不少见。为了顾及他们的面子，农户通常不得不违背自己的意愿来投票。另一个原因是从众心理的存在。为了与本村同姓多数人的意见相一致，而投违背自己意愿的票。

---

①　因为是多选，所以各选项所占比例之和超过100%。

表3-16　您通过"一事一议"参与农村公共产品供给决策的渠道畅通吗?

	户数	比例
样本户	568	100%
通畅	126	22.19%
基本通畅	172	30.28%
不够畅通	190	33.45%
不畅通	80	14.08%

（3）达成决议难

当前农户日益分化,对农村公共产品的需求差异大,同时,一些农户担心受益不均,怕自己出了钱吃亏,因而,农户间供给意见不统一,导致达成决议难。鲁西P村在前几年山东省"村村通"工程中,通向乡镇的公路已建成宽4米的水泥路,此段路主要由上级政府筹资修建。但是,村内道路不属于"村村通"范围,需要村民自筹资金,县交通局在村民自筹资金基础上给予配套补贴。村内道路需要硬化的道路约2千米,预算大约18万元。县交通局要求村民筹集6万元。2012年2月,村干部召集全村208户村民进行"一事一议",所有村民对修路都投赞成票。但村民间存在分歧,争论的焦点是在筹资标准上。家庭人口多、承包田亩少的农户倾向于按每亩50元收取,而家里人口少、承包田亩较多的农户则希望按每人35元收取。后来,以每亩50元收取的方案以微弱多数获得通过。会后,村干部立即挨家挨户收取筹资款,但一个月下来,只有约20%的农户缴上了筹资款,其他农户以家里经济困难或认为自己居住地离路远、收益小等理由不交或要求少交。后来,因为没有筹集到县交通局所要求的6万元,项目最终被迫取消,县交通局的配套资金也没有拿到。

可见,当前农户参与供给决策的渠道还不够畅通。虽然农户有参与供给决策的愿望,但参与决策渠道的不畅通则在很大程度上抑制了农户参与供给决策动力发挥。

2. 供给筹资渠道的不畅通抑制了农户参与供给筹资动力发挥

针对村内农村准公共产品受益范围相对固定于村内的情况,政府通常采取"以奖代补"的措施提供供给配套资金,来激励农户自主进行此类公共产品的供给。上级政府针对样本村的部分农村公共产品供给奖补资金基本都在总投资额的40%以下。其余资金需要由农户采取各种渠道自筹。此外,也有不少项目没有纳入奖补范围的,例如,自然村内支路硬化和拓宽以及村内垃圾处理等。这些项目基本上全靠村民自筹资金。但当前农户能筹集资金的渠道不够畅通。

(1)村集体经济普遍较弱,农户无法依赖村集体经济为自己减轻筹资负担

在经济欠发达的农村地区,村集体经济很薄弱,调研中发现地处山东省西部和中部的菏泽、聊城、泰安和枣庄4个市的14个样本村中,有11个村以种植业为主,辅以外出务工;8个村无村集体企业,其余6个村拥有1—3个村集体企业,但这些村集体企业规模均偏小,主要以农产品加工为主。因而,这些村集体经济难以拿出大额资金来进行公共产品供给,减轻农户筹集供给资金的负担。

(2)普通农户经济实力不强,筹资能力有限

虽然近几年农户收入水平有了较大提升,但是多数农户将经济收入主要用于改善生活,包括兴建新房等以及投入到子女的教育上。对于经济欠发达地区农户来说,他们并没有太多的富余资金,其筹资能力还较有限。在调研中发现,山东省菏泽和聊城等地农户参与供给筹资的愿望要明显低于威海和青岛等地。从表3-11(第114页)中得知:在问及不愿参与筹资的主要原因时,有60.21%的样本户认为"筹资金额过大会影响到家庭的生活"。由此看出,不少农户受到自身收入的限制,认为参与农村公共产品供给筹资可能会增加家庭的负担,从而,

"挤压"了他们参与供给的积极性。

(3)富裕农户捐赠供给资金的积极性不够高

富裕农户是村中的先富群体,有着较强的经济实力,但不少富裕农户只顾及自己发家致富,把大量资金投入到自己的事业中去,不热心农村公共产品的供给,不愿捐赠大量资金用于农村公共产品供给。在问及"您村的富裕农户能积极捐赠资金用于农村公共产品供给吗?"时,回答"不能"的农户占 67.78%(表 3-17)。这意味着还需要进一步激励富裕农户参与供给资金的捐赠。

表 3-17　您村的富裕农户能积极捐赠资金用于农村公共产品供给吗?

	户数	比例
样本户	568	100%
能	71	12.50%
基本能	112	19.72%
不能	385	67.78%

(4)农户通过金融机构进行融资的渠道不够畅通

由于农村公共产品供给资金还普遍缺乏,农户在参与供给中,不可能完全依靠政府、村集体和个人的资金,还需要积极通过金融机构进行融资来筹集供给资金。在调研中发现,作为农村金融主力军的农村信用社常从追求经济效益最大化出发,在贷款投放上倾向于投向收益相对较高的城镇或非农部门。同时,还有一些农村信用社出现大量呆账或坏账,导致其无法为供给农村公共产品提供充足的借贷资金。从事农业政策性金融业务的农业发展银行的法律地位不明确,资金来源渠道单一,内控机制不健全,业务功能单一,对急需政策大力扶持的农业基础设施等公共产品生产不能给予足够的政策金融支持。随着市场化改革的深入,中国农业银行的经营策略发生重大变化,经营重点由农村转向城市,"农业"性日益减弱,致使其在农村的营业网点大规模缩减,涉农贷款比重显著下降,为农村公共产品供给提供贷款的比例就更低了。在问及"您村农村公共产品供给融资渠道畅通吗?"时,回答"不畅通"的占61.97%,"很畅通"和"畅通"的仅占16.90%(表3-18)。这表明在农村公共产品供给资金融资中,渠道很不畅通。

表3-18 您认为您村农村公共产品供给融资渠道畅通吗?

	户数	比例
样本户	568	100%
很畅通	30	5.28%
畅通	66	11.62%
基本畅通	120	21.13%
不畅通	352	61.97%

从以上可以看出,由于农户筹集农村公共产品资金渠道不畅通,这使得农户难有参与供给筹资的动力。

3. 保障农户参与监督的渠道不畅抑制了农户参与供给监督动力发挥

当前农户参与对农村公共产品供给资金支配和供给质量监督的积极性比较高,从表3-7(第108页)中得知,在样本村中,有86.62%的农户愿意参与对农村公共产品供给资金支配和供给质量的监督,但农户实际参与供给监督的比例并不很高,只有19.37%(表3-19)。

表3-19 您是否参与过对农村公共产品供给资金支配和供给质量的监督?

	户数	比例
样本户	568	100%
参与过	110	19.37%
没参与过	458	80.63%

其主要原因在于渠道不畅,具体体现在:

(1)对筹集资金监督的渠道不畅

调研发现,多数样本村农户对公共产品的筹集资金的监督主要是通过村务监督委员会定期检查筹集资金使用情况来实现的。但在一些村中,村务监督委员会要求公开村级公共产品建设资金的使用情况时,村干部不够积极,甚至置之不理。即便是公开,也只是形式上的,缺少具体明细,根本无法反映真实信息,致使农户缺乏监管资金使用的渠道。[①]

(2)对供给质量的监督不力

农户对公共产品供给质量的监督主要也是通过村务监督委员会来实施的。但由于监督委员来自农户,他们多是从事农业生产或从事农村第三产业的,虽然有一定的文化水平,但缺少相关专业知识,对农村基础设施类公共产品供给质量不甚了解,所以,通常难以进行有效监督。

由于农户对参与资金监督和供给质量监督的渠道不畅,导致他们参与供给监督的积极性不高。

4.激励参与管护的措施不力抑制了农户参与供给管护动力发挥

当前我国农村公共产品建成后的管护现状不容乐观,农村基础设施类公共产品建成后"没有机构管,没有人员管,没有经费管"的现象较普遍,使得此类公共产品建成后损毁严重。这与农户参与管护不足直接相关。虽然从表3-7(第108页)可知,表示愿意参加管护的样本户占81.69%,而实际参与管护的比例则很低,仅为28.52%(表3-20)。

---

① 汪旭、刘桂芝:《农户在农村公共产品供给中的角色差距与调适》,《求实》2014年第8期,第84页。

表 3-20　您是否参与过对农村公共产品建成后的管护?

	户数	比例
样本户	568	100%
参加过	162	28.52%
没参加过	406	71.48%

造成这一现状的原因在于:

(1)对管护的重视不足

当前村民自治组织引导农户进行农村公共产品供给时,更多关注的是如何进行提供的问题。例如,"一事一议"制度主要是针对农村公共产品提供而设计的,并没有涉及如何对农村公共产品进行管护的问题。同样,各级政府,特别是基层政府,在对农村公共产品供给提供财力和技术等支持时,也没有太多地关注农村公共产品建成后的管护问题。因而,农村基础设施类的公共产品"重建轻管、只用不管"的现象十分严重。往往是,建成之时,锣鼓喧天;建成之后,无人看管。[①] 这造成了大量农村基础设施损毁严重,使用寿命大大缩短。

(2)对参与管护的农户经济激励不足

当前由于村规民约、舆论压力等传统社会资本治理机制日渐式微,正式治理机制还不健全,农户参与农村公共产品建成后管护的奖惩机制不够健全。一方面,缺少对管护人员的必要补贴。从表 3-21 可以看出,有 67.96% 的农户认为因缺少补贴,缺乏必要的经济激励,而不愿参加建成后的管护。2004 年,鲁西 Q 村耗资近 30 万元新建了农田排灌设施,建成后,该村村委会曾雇人进行管护,对水泵、发电机和水渠等进行检修和维护,前两年设施运转良好,但后因拖欠雇工的工资,雇工不愿再进行维护,最终改成农户轮流义务对农田排灌设施进行维护。

---

① 汪旭、刘桂芝:《农户在农村公共产品供给中的角色差距与调适》,《求实》2014 年第 8 期,第 84 页。

由于多数农户责任心不强,再加上技术条件有限,导致排灌设施小的故障不能及时发现,得不到及时维修。[①] 另一方面,对农户破坏性使用农村公共产品的负激励不足,没有建立起严格的惩罚措施。在鲁西O村,有些农户在使用过程中不注意设施的保护性利用,过度使用,甚至因为农户间存在摩擦,而故意破坏灌溉设施,导致水利设施损坏严重,排灌能力大大减弱。在农户轮流义务对水利排灌设施进行管护的情况下,难以有效追究损害水利设施的行为,对破坏水利设施的惩罚不够。

(3)缺少有关管护的法规和制度

在调研中发现,多数村庄缺乏一套详细完善的管护规章、制度和工作机制,仅有管护的一般性规定,特别是,没有针对村内不同的基础设施的维护制定详细的规章和制度,这使得管护的工作职责、日常检查、维修流程、监督考核等不够明确。在村内基础设施出现故障时,很难确定责任人,做到及时维修,排除障碍。认为因"缺乏有关管护的法律和制度"而不愿参加农村公共产品供给后管护的农户有22.54%。

(4)管护的组织不健全

健全的管护组织是保障管护有序进行的重要保障。绝大多数样本村没有建立专门的管护组织,通常是由村委会代行组织管护职能。由于村委会事务较多,再加上村委会成员对不同的基础设施的维护不甚了解,通常邀请部分村民临时参与管护,但由于责任不明,使得管护很难及时到位。认为因"管护的组织不健全"而不愿参加公共产品供给后管护的农户有27.11%(表3-21)。

---

① 汪旭、刘桂芝:《农户在农村公共产品供给中的角色差距与调适》,《求实》2014年第8期,第85页。

表 3-21 您不参与农村公共产品建成后管护的主要原因有哪些?（可多选）①

	户数	比例
样本户	568	
村集体不重视	170	29.93%
缺少补贴,经济激励不足	386	67.96%
管护的组织不健全	154	27.11%
缺乏有关管护的法律和制度	128	22.54%

因而,由于对管护的不够重视,对参与供给管护的农户经济激励不足,缺少有关管护的法律、法规,并且对损坏农村公共产品的行为不能有效惩罚,这就导致了农户参与对农村公共产品建成后管护的积极性不高。

（三）支持力不够之处

1. 政府对农户参与供给的财政支持力度不够

近年来,农户整体收入的普遍提高为农户参与供给提供了较强的财力基础,但只有对农户给予适当的政府财政补贴,使供给成本与供给收益基本等价,农户才有参与供给的动力。同样,对较大投资额的农村公共产品,只有给予适当的政府财政补贴,才能使此类农村公共产品得以供给。但目前我国政府对农户参与供给的财政支持的现状不够乐观。

（1）政府对农户参与供给的财政支持力度有限且不够及时

据样本村的多位村"两委"成员反映,虽然县乡政府每年都会对各村公共产品供给给予相应的财政支持,但支持的资金普遍有限且经常不能及时到位。例如,2011 年,鲁西 M 村因路面破损严重对村内的 2

① 因为是多选,所以各选项所占比例之和超过 100%。

条主干道路进行了维修,村委会向乡镇政府积极争取维修资金,但最终只获得了 5 万元的资金支持,只占所需费用的四分之一,并且这 5 万元到了第二年才兑现。样本户中,有 62.68% 的农户认为在农村公共产品供给中,政府财政支持力度还"较弱"或"无支持"(表 3-22)。这表明各级政府对农村公共产品供给的财力支持还是普遍较缺乏的。

表 3-22　您认为在农村公共产品供给上政府财政支持力度如何?

	户数	比例
样本户	568	100%
很强	30	5.28%
较强	74	13.03%
强	108	19.01%
较弱	302	53.17%
无支持	54	9.51%

(2)作为理想的财政支持方式的专项转移支付在供给资金来源中所占比例不高

有 66.20% 的样本户认为理想的财政支持方式是专项转移支付方式(表 3-23)。因为专项转移支付方式能做到专款专用,可以有效避免基层政府和村委会对资金的截留和挪用,使得政府支持资金及时到位。但目前农村公共产品供给资金中来自专项转移支付的比例还不高,从样本村的情况来看,这一比例在 20—35% 之间,这难以保障农村公共产品的正常供给。

表 3-23　您认为在农村公共产品供给上理想的财政支持方式是哪一种?

	户数	比例
样本户	568	100%
一般性转移支付	88	15.49%
政府补助,村级供给	104	18.31%
专项转移支付方式	376	66.20%

2. 参与供给的智力支持不足

(1) 农户参与筹资的意识和积极性较缺乏

从调研中可知,愿意参加农村公共产品供给筹资的农户仅占51.23%(表3-24)。不过,农户对参与农村公共产品供给筹劳的积极性则较高,其比例达到66.20%(表3-24)。农户之所以参与供给筹资的比例不高,一方面,是由于我国农户长期以来显性或隐性地承担了农村公共产品供给的主要成本,税费改革后,大大减轻了经济负担,农户怕会再因参与供给筹资加重自己的经济负担,使筹资成为变相征收农业税的手段,因而,多数农户对参与供给筹资持不积极态度。另一方面,由于有些地方村委会有时会借农村公共产品供给筹资的名义,乱摊派,突破政府规定的每年供给筹资的最高限额进行筹资,所以,部分农户对筹资有些顾虑。

表3-24 您是否愿意参与对农村公共产品供给的筹资和筹劳?

	样本户	愿 意		不愿意	
		户数	比例	户数	比例
您是否愿意参与对农村公共产品供给的筹资?	568	291	51.23%	277	48.77%
您是否愿意参与对农村公共产品供给的筹劳?	568	376	66.20%	192	33.80%

(2) 缺少村庄精英对普通农户参与供给的示范驱动作用

所谓村庄精英是指在村庄具体事务的决策和实施中具有重要影响力的相关人士。主要包括以下三种:第一,长期居住在村庄里并且在本村中具有较高社会、政治和经济地位的农民。例如,家族长老、农民企业家和农业专业大户等。第二,本村在外创业的成功人士,包括在外创办企业和务工等人士。他们通常具有丰厚的收入和财产,并在村中具有较强的影响力。第三,原籍在村里,但已经在城市里参加工作的人。

这些人一般是在外做官或有特别丰厚的财产。

通过调研发现,在多数村庄中,村庄精英较缺乏。主要由于:一方面,我国实施家庭联产承包责任制多年,村民长期处于"原子化"状态,难以出现较多由村民公认的德高望重的"族长型"村庄精英。另一方面,致富能手型村庄精英则纷纷外出发展。此外为数不多的留在村庄里的村庄精英能做到参与供给的示范和带领作用的也并不多。受访户中,30.99%的认为他们所在村庄的村庄精英能或基本能做到示范驱动作用(表3-25)。之所以比例较低,原因在于:一方面,多数村庄精英都有自己的工作,工作繁忙,难以顾及村庄的事务,因而,对参与农村公共产品供给表现得不积极。另一方面,一些村庄精英有参与农村公共产品的积极性,但由于未被选入村"两委"班子,属于"体制外"人士,使得他们难以发挥更大的作用。

表3-25　您所在的村庄精英能否对普通农户参与供给起到示范驱动作用?

	户数	比例
样本户	568	100%
能	66	11.62%
基本能	110	19.37%
不能	392	69.01%

3. 保障参与供给的制度不完善

(1)村民自治制度在供给中的作用有待加强

村民自治制度作为村民管理本村公共事务的自治性组织,应是组织农户进行农村公共产品进行合作供给的有效载体,应发挥其组织者的作用。而村民自治制度在供给中的作用主要是通过村民委员会来实现的。在样本村调研中发现,对村委会在农村公共产品供给中所起的作用表示"不满意"的农户比例占52.46%(表3-26)。一些农户反映村委会有时受制于基层政府,还不能完全做到从农户的利益出发进行供给。这表明村委会虽然在农村公共产品供给中已发挥了重要作用,但是与农户所寄予的期望还有差距,其发挥的作用还有待加强。

表 3-26 您对村委会在农村公共产品供给上所起的作用满意吗?

	户数	比例
样本户	568	100%
非常满意	44	7.75%
满意	94	16.55%
基本满意	132	23.24%
不满意	298	52.46%

(2)农户参与供给的组织管理制度不完善

农户参与农村公共产品供给的组织管理制度涉及决策制度、筹资制度、监督制度和管护制度等。决策制度具体包括有关决策主体、决策程序和决策内容等规定;筹资制度具体包括"一事一议"制度和成本分摊制度等;监督制度则包括资金监督制度和供给质量监督制度等;管护制度则涉及农村公共基础设施日常管理和维护规定。近年来,中央政府和地方各级政府为更好地筹集公共事务资金,先后颁布了一系列有关农户"一事一议"筹资筹劳的规定,65.85%的样本户认为筹资制度"很完善"、"完善"或"基本完善"。但各级政府对有关供给决策、监督和管护等相关制度规定还不多,样本户认为决策、监督和管护制度"不完善"的分别占 61.62%、58.10% 和 56.69%(表 3-27),可见,当前除筹资的相关制度规定相对较完善外,其他的制度保障还不够完善,不能满足供给实践的需要。

表3-27 您认为保障农户参与农村公共产品供给的组织管理制度完善吗?

	户数	很完善		完善		基本完善		不完善	
		户数	比例	户数	比例	户数	比例	户数	比例
决策制度	568	48	8.45%	58	10.21%	112	19.72%	350	61.62%
筹资制度	568	64	11.27%	112	19.72%	198	34.86%	194	34.15%
监督制度	568	54	9.51%	76	13.38%	108	19.01%	330	58.10%
管护制度	568	58	10.21%	86	15.14%	102	17.96%	322	56.69%

4.保障农户参与供给的政策不健全,可持续性差

(1)保障农户参与供给的政策不健全

农业税的免除及农业综合补贴等惠农政策的出台为农户参与供给提供了政策支持,但这种政策支持只是间接的政策支持。要想更好调动农户参与供给的积极性,还需要更为直接和完善的政策支持。直接的政策支持包括筹资政策、监督政策、管护政策和激励政策等,但多数地方制定出的相关政策主要为原则性的,可操作性差。有53.17%的样本户认为参与供给的政策不健全(表3-28)。

表3-28 您认为保障农户参与供给的政策健全吗?

	户数	比例
样本户	568	100%
很健全	22	3.87%
健全	58	10.21%
基本健全	186	32.75%
不健全	302	53.17%

(2)保障农户参与供给的政策可持续性差

调研中发现,有些地方保障农户参与供给的政策多变,随时可能面临政策风险。这使得农户参与供给难以得到长期稳定的政策支持。例如,鲁西R村所在县的交通局在2011年发文对农户自筹资金修建村内

道路实施"以奖代补"政策,规定奖补金额原则上不低于农户自筹资金的40%,但该政策实施两年后,因资金限制,宣布该项补助每年控制在10个村以内,奖补金额原则上不超过农户自筹资金的30%。这使得后来农户筹资进行村内道路修建的积极性受到打击。

5. 政府对供给的技术支持不能及时到位

在农村公共产品供给中,不可避免地会涉及供给的技术标准等问题。虽然政府对供给的干预一直存在,但对供给技术的指导一直不太重视,这就极有可能造成农户自行供给农村公共产品的技术标准不规范,甚至会出现运行故障,影响农村公共产品效能的有效发挥。对此,政府应该及时提供相应的技术标准和技术指导,加强对农村公共产品的规划和设计,使农村公共产品供给更加合理。例如,基层政府要做好村内道路与县乡道路的衔接规划的指导工作,使村内道路便捷、通畅,发挥更好的效用;对生活污水管道的铺设做好设计指导工作,便于污水排放,减少环境污染。另外,通过政府的技术支持,还可以进一步提高农村公共产品的排他程度,强化农村公共产品的私人产品特性,提高社区农户进行自我供给的积极性。

调研中发现由于缺少政府的技术支持,样本村在道路建设、饮用水水源选取和排污设施等的设计上存在一些不合理性。在鲁东C村发现,该村经济较为发达,周边有多家工厂,20世纪90年代中期以前,该村主要饮用地下水,但地下水污染越来越严重。1996年,该村决定筹资兴建自己的自来水厂,当时建自来水厂的资金80%为自筹,20%为政府配套资金。当时水厂的水源地是由村干部和村里的几个精英决定的。他们选择在村西边的山坡上开挖一个小型水库,截留山上流下来的水,作为水厂水源,认为这样的水污染小,水质好。随后,自行设计并在此附近兴建水塔和铺设管道。但水厂建成后,发现该处地质不稳定,水塔不久就发生倾斜。下大雨后,山上的泥土下滑严重,使得该小型水库面积减少,储水能力有限。到了 2006 年,该水厂几近废弃。从这个案例中可以看出,由于缺少上级政府给予的必要技术支持,使得兴建的水厂不合理,最后废弃,经济损失较大。在调查中,58.10%的样本户认为政府对农户参与供给的技术支持不到位(表 3-29),这说明政府对农村公共产品供给提供的技术支持和指导还不够,需要引起政府的高度重视。同时,村组织负责人也要积极寻求上级政府的技术支持。

表 3-29　您认为政府对农户参与供给的技术支持到位吗?

	户数	比例
样本户	568	100%
很到位	50	8.80%
到位	62	10.92%
基本到位	126	22.18%
不到位	330	58.10%

(四)外推力不足之处

1. 社会主义新农村建设的长期性和艰巨性使得其推动农户参与供给的作用有限

从根本上看,社会主义新农村建设的主要内容是要各级政府推动民生工程建设,特别是,要加强农村公共产品的有效供给,改变农村面貌,提高农民的生活水平。虽然新农村建设于 2005 年提出并开始实施,但各地因财力和物力的差异,推行力度不同,在各地实施不够均衡。在一些地方,特别是,经济欠发达地区的新农村建设还没有完全铺开,还有很长的路要走,任务艰巨,保障和增加农村公共产品供给的政策缺失,这样农村公共产品有效供给就失去了政策支持,自然农户参与供给的支持力就更难有保障,同时,农村供给水平增长缓慢,使得农户难有信心参与供给。可见,新农村建设的长期性和艰巨性使之对农户参与供给的推动力还比较有限。

2. 长期存在的城乡二元供给体制难以推动农户参与供给

长期以来,城市公共产品供给纳入国家财政公共体制范畴,以制度内的方式提供,而农村公共产品供给却徘徊在国家公共财政体制的边缘,主要以制度外形式提供。这种城乡二元供给体制的存在引起了城乡之间在收入、教育、医疗卫生和社会保障等方面的差距,给农户参与供给设置了障碍。例如,城乡之间收入差距的加大使得农户难有足够资金参与筹资。教育差距的存在会使农户受教育程度偏低,影响农户参与供给意识的培育。

3. 农村经济发展不平衡与农户间收入差距大制约了农户参与供给的积极性

(1)不同地区经济发展差距大制约了农户参与供给的积极性

当前农村经济发展不平衡情况比较突出,从全国来看,体现出"东高西低"的格局,在山东省也是"东高西低"的格局。在经济发展滞后的地区,由于经济实力有限,农户难有精力和资金参与农村公共产品供给,农户的"等、靠、要"的思想普遍存在。

(2)同地区农户间收入差距大制约了低收入农户参与供给的积极性

在同一地区,由于不同农户的家庭赡养人口、劳动力人数和个人能力的差异以及收入分配的不合理性等原因,使得农户间的经济水平存在较大差异。在农户间经济水平差距大的情况下,低收入农户往往更具有"搭便车"的倾向。因为低收入农户常为维持日常生活发愁,在农村公共产品供给的质量和数量上往往预期较低,对一些公共产品使用的强度也较低。例如,对于没有私家车和大型农业生产机具的农户来说,对村中道路的质量要求相对较低。因而,他们寄希望于别人出资供给,自己坐收渔利,获得相关农村公共产品的使用。从其自身来看,低收入农户不参与或是消极参与供给是一个理性的选择,其参与供给的动力不足是可想而知的。

五、农户参与农村公共产品供给
动力不足的原因分析

(一)传统供给理念阻碍了农户参与农村公共产品供给动力的发挥

传统供给理念是在公共产品供给中长期形成的一种思维定式。它对农户参与农村公共产品供给有着重要影响。

1. 农户依赖政府供给的思想强烈

我国经历的几千年的封建专制集权统治是一种等级森严的治民政治,统治者对农户进行政治、经济和文化等全方面控制,政府是以为民做主的身份存在,农户习惯于唯命是从,这严重阻碍了农户主体性地位的形成。具体从农村公共产品供给上看,在封建社会,供给仅限于为数不多的农村水利设施修建等,农村水利设施修建是由封建主义国家政府决定和实施,传统农户只是被动地以出资出劳的形式参与。新中国成立以来,在人民公社和家庭联产承包责任制时期,农户也难有供给的主动权,只是被动接受各级政府提供的具体农村公共产品,农户对政府供给有着强烈的依赖。

税费改革后,一方面,自上而下的决策体制没有得到根本改变,这又为延续农户依赖政府供给的思想提供了条件。另一方面,虽然农户的供给主体意识有所增强,但基于自身财力等因素的限制,"有需要找政府"仍然是许多农户面对农村公共产品供给缺失时首先想到的,因而在他们身上表现出"等、靠、要"的心态。尤其是,当前多数农村地区市场经济仍不发达,农村公共产品供给市场化程度还比较低,农户对政府提供的农村公共产品更有着强烈的依赖性,由农户自身或非政府组织提供农村公共产品的意识还比较薄弱。①

2. 政府对农户供给权利长期忽视的惯性理念仍然不同程度地存在

目前,政府在进行农村公共产品供给过程中,忽视农户的决策权、话语权和利益表达权的现象较普遍。我国大部分农村公共产品供给的决策权是由政府而非直接受益者农户本人掌控。同时,农户利益表达渠道不够畅通,即使有一定利益真实表达,地方政府也不够重视。在具体供给中,地方政府的决策者通常出于"政绩"和"利益"需要的考虑,不顾及农村的实际状况、农户的需求意愿和供给成本的高低,热衷于提供观光大道、休闲广场和文化娱乐场馆等政绩性公共产品,而不愿提供农业科技推广、农业信息传递和农民技能培训等短期不易见效益的"软"公共产品。这种"重政绩、轻实绩"的行为必然会造成农村公共产品供需结构的失衡。由于在农村公共产品供给决策中,农户的决策权没有得到重视,话语权缺失,农户没有获得自己所需的公共产品,因而,对参与筹资和公共产品建成后的管护自然没有热情和动力了,甚至还会出现破坏非急需农村公共产品的行为。

3. 农户"搭便车"思想的长期存在

现实中,虽然有损己利人或大公无私农户的存在,但毕竟是少数。多数农户作为"理性经济人",在消费和供给农村公共产品时,存在机会主义倾向,有追求自利的一面。尽管农户明知某一农村公共产品供给的社会潜在收益要大于该产品给自己带来的收益,但农户在供给决策时,有理性的农户认为自己供给是不划算的,自己不愿供给,而是希望自己不付成本或少付成本使用他人提供的公共产品,因此,"当一群理性的人聚在一起想为获取某一公共产品而奋斗时,其中的每一个人

---

① 石义霞:《中国农村公共产品供给制度研究》,中国财政经济出版社 2011 年版,第53 页。

都可能想让别人去为达到该目标而努力,而自己坐享其成"①。另外,即使有一些农户愿意自己供给,但他们又不愿给他人带来收益,认为他人不能从自己的行动中白白获得好处。因而,在这样的情形下,通常多数农户在表达农村公共产品的需求时,故意隐藏自己的真实需求,过多关注同村其他人的需求表达,目的是想通过"搭便车",来躲避理应负担的农村公共产品供给成本。这就使得像农村公共产品供给筹资筹劳这样的集体行动经常陷入奥尔森困境。

(二)农户用于供给的资金有限,难以为参与供给提供有力的资金支持

1. 农户用于改善生活和生产的资金有限,且多将资金投入到与家庭直接相关的项目中去

2010 年、2011 年、2012 年间,山东省农村居民人均总收入增长率分别为 13.74%、22.98% 和 12.34%,②扣除物价上涨因素,农村居民人均总收入增长率平均为 10% 左右。但同时,生活消费品等价格也在上涨,物价上涨因素使得农村居民人均生活消费支出增长 5% 左右。近年来,每年的农民人均生活消费支出占人均消费支出的比例接近 50%(表 3-30),可见,农户用于改善生产和生活的可支配收入还是较有限的,并且多数农户更倾向于将资金投入到与家庭利益直接相关的项目中去。例如,兴建或购买新房以及投入到子女的教育和婚事上等。因而,多数农户难以将大量资金用于农村公共产品的供给,这在较大程度上影响了农户参与农村公共产品供给的积极性。

---

① 赵鼎新:《集体行动、搭便车理论与形式社会学方法》,《社会学研究》2006 年第 1 期,第 2 页。

② 根据《山东统计年鉴-2013》(中国统计出版社 2013 年版)的数据计算所得。

表 3-30　山东省农村居民人均总收入和生活消费支出情况

	人均总收入(元)	人均生活消费支出(元)	人均生活消费支出在人均总收入的比例(%)
2010 年	9877.33	4807.18	48.67
2011 年	12146.71	5900.57	48.58
2012 年	13645.26	6776.05	49.66

数据来源:《山东统计年鉴-2013》,中国统计出版社 2013 年版。

2. 贫困人口在一定范围内的存在,使得贫困农户无法拿出资金参与供给

由于受历史、地理环境、家庭劳动力数、赡养人口数和生产生活技能等因素的影响,目前我国还存在一定数量的农村贫困人口。按照居民每天 1 美元(2010 年不变价)的最低生活标准确立的贫困线来测算,到 2013 年底,我国农村贫困人口为 8249 万;截止到 2014 年下半年,山东省还有 500 多万贫困人口。[①] 在样本村中,贫困家庭也具有一定的数量。这些贫困家庭普遍的特征是家庭劳动力少,赡养人口多,生产技能有限,还有一些是因家庭成员生病而致贫的。因而,这些贫困农户还为自己的基本生活发愁,自然难有动力参与农村公共产品供给。

(三)村民自治组织组织供给能力不足,不能形成参与供给的组织保障

村民自主治理是保障农户参与公共产品供给的一个必备条件,而村民自主治理需要以村民自治组织为载体。村民自治组织是农户自我管理的组织,贴近群众,了解群众。在组织供给中,村民自治组织具有其他组织无可比拟的优势。它更容易得到农户的信任,进而能更有效

① 赵洪杰、张海峰:《山东贫困人口将获"精准帮扶"》,http://paper.dzwww.com/dzrb/content/20141015/Articel03002MT.htm,2014-10-15.

地收集农户对农村公共产品供给的具体意见,了解农户的真实需求。但当前不少村民自治组织松散,组织供给能力普遍缺乏。

1. 组织动员能力不足

目前,村民自治组织自主性不足,在某种程度上成为乡镇政府的派出机构,是乡镇政府在村庄里的延伸,具有很强的行政色彩,其主要任务是履行"政务型"职能,把主要精力放在配合乡镇政府完成各项行政任务上。在与村干部访谈中发现,村干部抱怨最多的是要把大部分时间和精力用于完成乡镇政府下达的多项行政任务中去。村干部只能围绕这些任务疲于应对,很难有时间和精力根据村内实情和农户意愿组织农村公共产品的供给。这阻碍了村级组织行使组织农户参与供给公共产品的职能,进而造成了村级组织在管理公共事务职能上的弱化。因而,有61.27%的样本户认为需要进一步提高村委会的组织动员能力(表3-31)。

另外,作为农村公共产品供给组织者的村干部在组织农户参与供给时,始终会面临一些阻碍,比如,一些农户不配合,故意刁难等。与其"招惹麻烦",倒不如不进行或少进行"一事一议"等公共产品供给活动成了村干部的"最优选择"。同时,税费改革前,村委会成员可以通过组织农村公共产品供给,获得大量的制度外收入。税费改革后,基于公共产品筹资额上限的规定和严格的管理程序,村干部缺乏获得"灰色收入"的渠道,制度外收入基本没有了,仅能获得一定的工资报酬,这使他们觉得为集体办事无利可图,缺少组织公共产品供给的行为动力。

2. 决策水平有待提高

农村公共产品的供给通常是由村民委员会先行提议、论证和决策,在认为具有可行性和必要性时,再组织"一事一议",交付村民表决;也有可能在涉及供给项目较少且无须筹资的情况下,由村民委员会代行决策并组织实施。因而,村民委员会决策水平高低决定了农村公共产品能否顺利供给,能否合理供给。但当前多数村委员会组织力量分散,村委会成员文化水平较低,视野不够开阔,导致在农村公共产品的供给中时常出现决策失误,使得农村公共产品供给受阻。因而,有70.77%的样本户认为需要进一步提高村委会的决策水平(表3-31)。

3. 资金筹集能力不足

村民委员会不仅要对农村公共产品供给进行组织动员和决策,而且还需要具有一定的资金筹集能力。资金筹集包括向上级政府争取供给资金,向私人企业募集资金和向村民筹资等。村民委员会的筹资能力高低直接影响了农村公共产品供给能否顺利进行。当前多数村干部拓展筹资渠道能力不强,不愿也不敢向上级政府争取供给资金,不能积极争取村庄富裕农户的捐款,向村民筹资也难以拿出合理的筹资方案,这使得多数村面临供给资金短缺的困境。有78.87%的样本户认为需要进一步提高村委会的筹集资金能力(表3-31)。

表3-31 您认为村委会在农村公共产品供给中需要加强哪些作用?(可多选)①

	户数	比例
样本户	568	
决策能力	402	70.77%
组织动员能力	348	61.27%
筹集资金能力	448	78.87%
其他	40	7.04%

(四)普通农户供给能力有限与农村人才缺乏,难以为参与供给提供人力保障

农户参与农村公共产品供给既要农户具备较强的参与供给能力,又要农村精英和人才的推动和组织。但目前我国多数农村在这两方面

---

① 因为是多选,所以各选项所占比例之和超过100%。

都较欠缺。

1. 农户参与供给的能力普遍不高

调研中发现，多数农户文化水平普遍不高。样本户中，初中及以下学历的占78.47%（表3-3）。他们常年从事农业生产或农村服务业，对村内公共事务和村内公共产品供给情况普遍不够关注，参与意识不强，因而，农户参与农村公共产品供给决策、筹资、监督和管护的能力普遍不强，这严重影响了农户参与农村公共产品的供给。

2. 农村精英纷纷外流使得农村缺乏参与供给的村庄精英

农村精英个人能力突出，人际关系较广，个人人格魅力大，在村民中威望高，因而，他们在农村社会中拥有较高的社会地位。农村精英组织农户参与农村公共产品供给，通常具有很强的号召力和影响力，有助于农村公共产品供给的顺利开展。然而，改革开放后，特别是实施社会主义市场经济体制以来，经济变活了，城市中有更多的就业机会，这使得相当一部分农村精英纷纷向外流出，在外发家致富。因而，很多村庄，特别是经济欠发达地区农村，难以选出合适的村支书和村委会主任。这直接导致了农村公共产品的供给缺乏有能力的带头人来组织提供。

3. 农村发展与服务所需的人才难以引进

农村发展与管理需要科技、经济和管理等各方面人才，但就农村公共产品供给来说，也需要懂技术和精管理的人才。当前引进农村发展与服务所需人才的一个重要途径是选聘大学生"村官"到村任职，但大学生村官制度还存在一些问题。第一，生活待遇普遍较低和工作条件普遍较差。2009年，中共中央组织部下发的《关于建立选聘高校毕业生到村任职工作长效机制的意见》指出，大学生村官相关的工作和生活待遇比照当地乡镇新录用公务员待遇水平发放。同时，比照当地事业单位同职级人员办理相应的养老、医疗和失业等保险。但是，实际情况是，由于乡镇财力有限和相关政策的不到位等原因，导致多数地方大学生村官工资和工作待遇难以比照乡镇新录用公务员的相应待遇。据作者调查,2013年,山东省大学生村官工作与生活补贴普遍在1000—1400元之间,这一水平难以满足日常生活需要。在随访的14名大学生村官中有9名村官的养老和医疗保险没有及时落实。此外,不少驻村大学生村官的办公和住房条件比较简陋,缺乏现代化的办公设施,一些村官常年住在办公室里,食宿存在诸多不便,这些都严重影响了他们工作的积极性。第二,职业发展渠道不够畅通。当前大学生村官大体有四条发展路径,即考录公务员、考研深造、留任村干部、自主创业或择业。① 近几年,山东省市、县和乡镇一级公务员招考中,设置了部分职位面向大学生村官定向招考,但名额很少,能够考上公务员的只是极少数人;按照国家的有关规定,考研深造的大学生村官可享有总分5—10分的政策加分,这对他们考研难有很大作用;对于自主创业只规定给予一定的资金支持,但支持力度不够,同时经常难以及时兑现。对于多数大学生村官来说,最现实的选择是留任村干部,但由于留任村干部工资待遇比较低。这使得大学生村官对未来的前途忧心忡忡,难以安心工作,不能很好发挥他们在农村经济与社会建设中的作用。

(五)农户参与农村公共产品供给机制不健全,参与供给缺少机制保障

1. 不合理的决策机制使农户在决策中处于弱势,真实需求难以表达

(1)各级政府的干预决策使农户的真实需求难以表达

农村税费改革后,我国农村公共产品供给仍然实行以各级政府为

---

① 李斗明:《大学生村官思想政治教育的制度性探讨》,《学校党建与思想教育》2012年第9期,第55页。

主导自上而下的"制度内供给"决策机制。在此种决策机制下,农村公共产品的供给大多由各级政府按照自己的意愿来提供,政府的供给偏好代替了农户的需求偏好,农户只是被动接受。[①] 此外,税费改革后,针对村内社区性公共产品供给实行了"一事一议"制度。这种"制度外供给"是以"农户自筹资金为主,政府补贴为辅"的供给,但在这种供给方式下,政府干预仍然存在,政府对供给项目和供给标准等都不同程度地进行干涉。事实上,村内公共产品的用户本身就是实际上的协作生产者和消费者,如果忽视了农户的意愿,其供给效果是可想而知的。总之,当前政府的干预型决策机制忽视了农村公共产品的公众性特性以及农村公共产品供给过程中的公众参与和反馈,使得农户的真实意愿难以表达。

(2)代理决策者不能代表农户的真实意愿

在农户参与农村公共产品供给决策的实际操作中,经常出现没有认真实施"一事一议"决策制度,就有关农村公共产品筹资筹劳等事项不进行由农户广泛参与的"一事一议"决策,而是采取各种变通形式,实施代理决策,如村民小组长代替农户投票,或由村庄精英代替投票等现象。由于这些代理决策者不是由委托人——农户选出的代表来代表他们决策,不具有广泛代表性和合法性,因而,不能真正代表农户的真实意愿。

(3)农户没有很好地通过民间协会组织起来,使得在决策中处于弱势

家庭联产承包责任制实施以来,农户以家庭为单位开展农业经济活动。一方面,这使得农户生产的积极性得到极大提高,但另一方面,农户的凝聚力较以前有较大下降,组织分散,组织化程度低,使得集体

---

① 刘华安:《农村公共产品供给:现实困境与机制创新》,《国家行政学院学报》2009 年第 3 期,第 57 页。

谈判能力较差,不能在供给中形成强势力量,导致在供给决策中处于弱势地位,不能有效地满足农户自身的需求。从当前来看,提高农户决策地位的有效方法就是成立民间协会,通过民间协会来提高农户的组织化水平和集体谈判能力,但民间协会在多数农村一直没有得到很好发展。在样本村中,处于山东东部青岛、威海和潍坊的 6 个样本村中,有 5 个村成立有与农业生产相关的民间协会,如大蒜协会和生姜协会等,但组织还较为松散,协会在经济生产上发挥了一定作用,但没有很好发挥其在村务管理和农村公共产品供给中的作用。在鲁西的 8 个样本村中,仅在 2 个村成立起 3 家民间协会,但这 3 家协会有名无实,很少开展活动。因此,多数村庄农户没有很好地通过民间协会这一载体组织来参与农村公共产品供给,使得其在决策中属于弱势,不利于实现自己的利益诉求。

2. 筹资融资机制不健全使得供给资金筹集困难

(1)农户参与供给的财政扶持机制还不够健全

第一,政府"以奖代补"的标准偏低。政府对村内基础设施建设实施"以奖代补"政策。自筹资金完成村内基础设施建设的村在验收合格之后将获得政府的一定奖励,但现行的财政奖补标准普遍偏低,山东省规定"一事一议"奖补项目的投资三分之二由村级自筹,财政奖补仅占三分之一,全省每个自然村平均下来,能够获得奖补的资金不足 1 万元,这难以对村内基础设施建设等公共产品供给提供有力扶持。

第二,政府对村级转移支付资金不足。2010 年,山东省用于村级的转移支付资金达到 7.72 亿元,占转移支付资金总量的 23.55%,村均补助 9071 元。① 这些补助主要用于支付村"两委"班子的工作补助和日常办公经费等,对于以农业为主的村只能维持村组织的低水平运转,

---

① 曲延春:《变迁与重构:中国农村公共产品供给体制研究》,人民出版社 2012 年版,第 127 页。

能用于本村农村公共产品供给的余额寥寥无几。

(2)"一事一议"的制度外筹资面临困境

第一,"一事一议"制度难以有效组织。《山东省村民一事一议筹资筹劳管理办法》(鲁政办发[2011]37 号,以下简称《管理办法》)中规定:如果筹资筹劳方案要通过召开村民会议来表决,则应当有本村 18 周岁以上的村民过半数参加,或者有本村三分之二以上农户的代表参加,经到会人员的过半数通过。如果筹资筹劳方案要通过召开村民代表会议来表决,则应当有代表三分之二以上农户的村民代表参加,经到会村民代表所代表的农户过半数通过。[1] 这些规定从制度上有效地保障了"一事一议"制度的规范性,但由于规定严格,在一些村中难以有效实施。因为在一些村中,很多村民常年在外打工,不便回乡参加"一事一议",使得村民会议或者村民代表会难以达到要求人数,导致不少村庄多年不实施"一事一议"制度,进行农村公共产品供给。例如,鲁西 H 村是以劳务输出为主的村,2013 年全村有农户 965 户,近 4000 人,外出打工的有 530 多户,占总户数的 55% 左右,从而导致了该村常年难以组织"一事一议"决策。

第二,"一事一议"筹资规定难以进行成本高的公共产品供给。《管理办法》规定筹资标准实行上限控制,筹资标准为:山东省东部地区的济南和青岛等6市每人每年不得超过25元;中部地区的潍坊和泰安等5市每人每年不得超过20元;西南和西北部地区的枣庄和临沂等6市每人每年不得超过15元。[2] 同时,规定"一事一议"项目一年内不得超过一次。以2000人村庄为例,在山东省西部、中部和东部的村庄

---

① 《山东省人民政府办公厅关于印发山东省村民一事一议筹资筹劳管理办法的通知》,http://www.shandong.gov.cn/art/2011/8/23/art_3883_1133.html,2011-8-23.

② 《山东省人民政府办公厅关于印发山东省村民一事一议筹资筹劳管理办法的通知》,http://www.shandong.gov.cn/art/2011/8/23/art_3883_1133.html,2011-8-23.

分别可以筹集 3 万、4 万和 5 万元的资金。但在用料和用工等成本普遍增长的情况下,3—5 万元筹资数额难以满足供给的需要,这使得"一事一议"制度在供给项目供给成本高、受益人数太少时,望事兴叹,面临资金困境。

(3)农村融资体制不健全

当前我国农村融资体制在为农村发展,特别是为农村公共产品供给提供金融支持方面存在严重不足,这使得一些农村公共产品无法得到有效供给。具体表现在以下几个方面:第一,农村金融组织对农村信贷业务普遍不够重视。目前能为农村提供金融服务的专业金融组织机构主要有中国农业银行、农业发展银行、农村邮政储蓄银行和农村信用社等,但能够向农村提供资金支持的却非常有限。具体来说,中国农业银行很少向农户贷款,并且发放程序烦琐,审核严格。农业发展银行只是服务于农业发展的政策需要,不向一般农户和农村项目提供贷款。农村邮政储蓄银行大多只提供储蓄服务,只存不贷。而其他商业金融机构近几年来纷纷撤销了在乡镇以下的服务网点。例如,在 20 个样本村所在的 18 个乡镇中,只有青岛、威海、潍坊和泰安的 9 个经济强镇分别设有 9 家中国农业银行的营业网点。因而,当前向农村提供贷款的机构主要是农村信用社,但农村信用社吸收存款资金能力有限,很多地方出现贷款量超过了存款量的问题,可谓心有余而力不从,不能满足农村发展的资金需要。第二,农村资金流失严重。当前各银行机构在农村发放的贷款少,吸收的存款多,这造成农村金融机构资金流失严重。因而,资金融资渠道不畅通使得供给农村公共产品的资金得不到保障。这也成为制约农村公共产品供给的一个瓶颈和影响农户参与农村公共产品供给的一个重要因素。[1]

---

[1] 石义霞:《中国农村公共产品供给制度研究》,中国财政经济出版社 2011 年版,第 106 页。

3.监督机制不健全造成对供给资金和供给质量监督不力

对农村公共产品供给的监督是保障农村公共产品进行有效供给的重要举措,也是农户参与农村公共产品供给权利的重要体现。但当前对农村公共产品供给监督还较为缺失,具体表现在:

(1)有关供给监督管理制度和办法不完善

当前多数农村对供给监督没有制定相关制度和实施办法,对监督主体、监督对象和监督程序等没有明确界定,这使得供给监督无章可循。在调研中发现,由于供给监督管理制度和办法的不健全,部分样本村存在"一事一议"资金使用去向不透明,资金被挪用的情况,一些村干部擅自将管理费和福利费等从"议事"资金中支出,造成议事项目建设资金不足。

(2)农户对村内社区性公共产品供给资金的监督渠道不畅通

国务院办公厅《关于转发农业部村民一事一议筹资筹劳管理办法的通知》(国办发[2007]4号)规定,乡镇人民政府负责本行政区域内筹资筹劳的监督管理工作,筹集资金不得用于偿还债务、企业亏损资金和用于村务管理开支。《山东省村民一事一议筹资筹劳管理办法》(鲁政办发[2011]37号)规定,筹集的资金由村民委员会纳入村级财务统一管理,单设账户、独立核算、专款专用。但由于农户缺少有效的监督渠道,同时,不少乡镇人民政府对筹集资金难以做到有效管理,一些村筹集的资金没有做到单独设立账户、单独核算、专款专用,致使筹集的资金被挪作他用,一些"一事一议"项目没有很好实施。例如,2011年,鲁西T村向村民筹资2.5万元拓宽村内一条道路并安装路灯。筹集资金由村委会保管,但没有建立专用账户,后来部分资金被挪用于村务管理开支,使得道路修好后路灯一直无钱安装,最后由一位本村在外办企业的成功人士出资5000元,才使得路灯得以重新安装。

（3）对农村社区性公共产品供给质量的监督不力

针对村内基础设施类公共产品供给质量的监督应由村委会牵头，由村民代表组成质量监督小组，负责工程建设质量的监督。调研中发现，大部分村庄都能组成质量监督小组进行监督，但总体来看，监督效果不够理想，表现在：一方面，监督的机会成本高，农户难以认真履行监督职责。由于监督工作纯属义务劳动，没有报酬，监督小组成员都有自己的工作，因监督工作而耽误自己挣钱，机会成本高，这使得监督小组成员经常缺勤，监督工作比较松散，难以有效履行职责。另一方面，监督小组成员通常不具有专业知识，对建设工程的监督停留在表面，难以进行实质性监督。

4.激励机制较缺乏不利于对农户参与供给行为的激励

（1）对参与供给农户的经济激励不足

对参与供给农户的经济激励通常涉及产权激励、税收激励和补贴激励等，但目前对农户的这些激励还明显不足，表现在：

第一，农户参与的一些村内基础设施类的公共产品多数存在产权模糊问题。在这种情况下，进行农村社区公共产品供给投资的农户无法保证投资收益归其所有，这在很大程度上抑制了农户进行供给投资的欲望。农户作为理性的生产经营者，自然会选择不合作的策略，产生希望从别人投资供给中获利的"搭便车"思想。

第二，政府对农民企业家参与供给的税收激励不足。属于农村精英的本村农民企业家，从本质上看，仍然属于本村农户，有着较强的经济实力，但不少农民企业家不太热心农村公益事业，参与农村公共产品供给的动力也不足。如何调动农民企业家参与供给的积极性是农村公共产品供给中不容忽视的问题。其中一项有效措施是给予农民企业家企业的税收优惠激励。但当前政府对捐赠供给资金企业的税收优惠范围控制严格并且免税比例小。因为《企业所得税法》规定，只有捐赠者通过公益性社会团体或县级以上政府向教育、民政等公益事业的捐赠才能获得从应纳税中扣除所赠金额。这就意味着农民企业家捐赠于农村公共产品供给的许多资金无法纳入税收抵扣范围。这无疑是对农民企业家参与供给积极性的打击。

第三,农户参与供给的补贴激励不足。目前各级政府对农村进行直接补贴的项目包括基础设施建设补贴、农业生产资料购置补贴、农地整治补贴、农贷利息补贴和农业结构调整补贴等。这些补贴虽然多数都是针对农村公共产品供给而设立的,但补贴的力度还不够,补贴水平较低。由于对农户参与供给的补贴不够,农户参与供给的动力不足。

(2)对参与供给的农户声誉激励不足

农村是一个熟人或半熟人的社会,农户通常对自己在群众中的声誉很看重。如果对于积极参与农村公共产品供给的农户给予声誉上的激励,他们会感到受到尊重,则会从一定程度上激发农户参与供给的积极性。但调研中发现,多数村庄对积极参与供给,特别是,对出资数额较大的农户在声誉上激励不足。通常只是张榜公布出资者的出资数额,缺少对他们出资行为的进一步宣传,导致对其声誉激励措施不足。

(3)对不参与供给的农户负激励不足

调研中发现,当前对农户参与供给的约束是非强制性的,对不参与供给的农户没有相应的硬性约束与惩罚措施,这使得更多的农户对参与供给持观望状态,抱有"搭便车"心理,从而不利于激励农户参与供给。

第四章　国外政府提升农户参与农村公共产品供给动力的经验与借鉴

据相关资料显示,一些国外政府已长期存在有关激发农户参与农村公共产品供给动力的实践,形成了一些富有借鉴意义的经验做法。本章主要介绍发展中国家印度以及发达国家韩国、日本、美国和法国等国政府提升农户参与供给动力的有关经验做法及其对我国政府激励农户参与供给,提升农户参与供给动力的借鉴作用。

一、典型国家提升农户参与农村公共产品供给动力的做法

(一)印度提升农户参与农村公共产品供给动力的做法

印度与中国同属人口大国和农业大国,具有相似的国情,特别是在农村问题上具有很多的相似性。近年来,印度比较注重农村公共产品供给,其有关农村公共产品供给,特别是一些保障和鼓励农户参与农村公共产品供给、提升农户参与供给动力的做法是比较成功的。印度政府提升农户参与供给动力的经验做法主要有以下几方面。

1.建立农户的农村公共产品需求表达机制

1993 年,印度颁布第 73 号宪法修正案,要求邦政府通过立法的形

式将大量权力下放给地方机构,使地方机构更好地发挥其自治功能。此后,在印度农村开展了大规模的人民分权计划运动,运动要求本地有关发展问题的决策应由农村居民参与讨论,并提出意见。在这一运动的影响下,印度农村逐渐形成了农户需求推动和社区引导相结合的农村公共产品供给模式。通过这一模式,农户可以向社区组织提出对农村公共产品的具体需求,邦政府则根据农户的具体需求情况来调整农村公共产品供给,以满足农户的实际供给需求,这有效地激发了农户参与供给的动力。[①]

2. 确立和完善自下而上的农村公共产品供给决策机制

印度国家宪法规定,要在农村普遍实行"村民自治"制度。印度政府不干预农村的公共事务,让村民自治。在农村公共产品供给上,村民治理委员会主要是授权,而不是直接决策。有关供给的具体内容和实施计划等均经村民讨论决定。在印度喀拉拉邦,每年有 2 亿美元投入生产性事业。村民以实际需要来选择具体需要投入的事业,政府部门不得干涉。[②] 这种"自下而上"的决策机制为农户参与供给决策提供了渠道,从而可以调动农户积极参与农村公共产品供给活动。

3. 发展壮大农业合作社,为农户参与供给提供有效载体

在印度,农业合作社是助推农业发展、管理农村事务和维护农村社会稳定的重要载体。目前,印度共有 54.53 万个合作社组织,覆盖了全国几乎 100% 的村庄和三分之二以上的家庭。印度农业合作社的特点有:一是入社自愿,民主管理。农户可以随时申请入社,加入村级合作社,只需缴纳大约 10—100 卢比左右的会费。作为村级合作社最高权

---

① 丁开杰、刘合光:《印度农村公共品供给体制研究》,《当代亚太》2006 年第 6 期,第 8 页。

② 《自上而下的"公共品"决策——访印度人民科学运动领导人文诺》,《中国改革》2001 年第 7 期,第 54—56 页。

力机构的会员大会有权表决通过合作社各项决策,而通过选举产生的理事会则负责合作社的日常管理。二是民办官协。农业合作社是由农户自己组织起来的组织,实行自我管理。印度政府在经济上,通常通过补贴和资金援助等方式为其提供资金支持;在法律上,通过制定《合作法》使农业合作社的存在和发展具有法律依据。三是关心社区事务。合作社在努力满足社员需求的同时,积极关心社区的公共事务,注重维护社区的整体利益。①

印度农业合作社组织比较规范,经济实力较为雄厚,活动范围广。农户可以通过农业合作社来保护自己有关农业生产和农村社会生活方面的利益。其中,农户通过农业合作社来开展农村基础设施类公共产品供给,则是农业合作社维护农户利益的重要体现。农户在农业合作社活动中拥有较充分的话语权,对农村公共产品供给方式和内容等有自主决定权,因而,政府发展壮大农业合作社,并通过农业合作社,可以有效调动印度农户参与农村公共产品供给的积极性。

(二)韩国提升农户参与农村公共产品供给动力的做法

韩国于 20 世纪 70 年代发起了"新村运动"。它是一场以"勤勉、自助、协同"为基本精神,以基层民主建设为前提,以满足农户的生产和生活需求为目标的乡村社会综合治理运动。新村运动中的绝大多数内容都是围绕农村公共产品的提供问题来展开的。韩国政府通过多种措施提升农户参与农村公共产品供给动力,让其广泛地参与到供给中去,很好地解决了农村公共产品供给不足的问题,使得韩国农户生活条件得到改善,农业生产水平得到大的提高,农村面貌发生重大变化,大大地缩小了韩国城乡之间的差距。具体经验做法主要有以下几方面。

---

① 曹建如:《印度的农业合作社》,《世界农业》2008 年第 3 期,第 67 页。

1.建立农村公共产品供给需求表达机制,保障农户能参与供给的民主决策

在新村运动中,韩国政府建立起顺畅的农村公共产品供给需求表达机制。韩国农户可通过自下而上的需求表达机制来表达自己真实的需求愿望,政府在每个村先期与村干部、先进村民和社团干部依据农户的需求意愿进行商讨,拟出该村的相关供给项目,再交由该地农户集体讨论决策确定供给项目是否需要供给及供给顺序,最终上报实施。[1]可见,韩国农村公共产品供给项目的确定是一个民主选择的过程,充分体现了供给的民主协商与决策倾向,尊重和维护了农户的切身利益,提升了农户参与供给决策的动力。这也有效地避免了农村公共产品供给的盲目性,保障了供给的顺利实施,减少了资源浪费和腐败现象的产生。

2.引入激励机制,充分调动农户参与供给的积极性

韩国政府采取以奖代罚形式积极引导农户参与村庄建设。新村运动开展的第一年(1970年),政府给予每个村庄300多包水泥用于本村庄的建设。第二年(1971年),政府只援助那些农户能够在第一年积极参与的村庄,提供给每个村庄500包水泥和1吨钢筋,而对那些农户不积极参与的村庄不提供援助。第三年(1972年),政府又把全国的村庄分为三个等级,并按等级高低对其实施不同的补贴标准,级别越高的村庄获得政府的补贴标准就越高。这种激励措施把农户的参与与回报紧密地联系在一起,从而有效地激发了全国农户主动建设美好家园的动力。[2]

---

[1]　中国改革发展研究院:《中国新农村建设:乡村治理与乡镇政府改革》,中国经济出版社2006年版,第288页。

[2]　吴自聪、王彩波:《农村公共产品供给制度创新与国际经验借鉴——以韩国新村运动为例》,《东北亚论坛》2008年第1期,第74页。

3. 注重以非政府组织为载体组织农户参与供给,激发农户参与供给的动力

一方面,政府积极发挥村民自治组织在组织农户参与供给中的作用。韩国政府重视村民自治组织在农村经济和社会建设中的作用,韩国《农业协同组合法》要求村民自治组织在农产品流通、加工与销售以及农村金融、保险与福利等方面发挥积极作用,同时,明确要求通过村民自治组织组织农户参与农村公共产品供给。村民自治组织是农户参与成立的组织,能代表农户的利益,容易得到农户的认可。由村民自治组织组织农户参与供给,便于提升农户参与供给的动力。另一方面,政府注重发挥邻里会议、新村领袖和新村妇女会等其他农民协会在动员和组织农户参与供给中的作用。在韩国,一个农村邻里会议通常由20—25个农户组成,它可以有效集中本邻里会议中农户有关供给的具体意见。新村领袖通常是由本村村民大会通过选举选出男女各一人组成。他们对本村的新村运动中需要供给什么项目以及如何供给,有着分量很重的建议权,其他农户通常会赞同他们的建议,进而有助于形成一致的供给意见。新村妇女会是村庄中妇女自发成立的组织,在村庄妇女中拥有很高的认可度。通过新村妇女会,可以激发村庄妇女乃至全村农户开展村庄环境清洁活动的动力。实践表明,一方面,妇女会向全村村民大力宣传清洁环境的意义,增强村民的环保意识,号召村民自己行动起来保护好本村的环境。另一方面,妇女会组织本村妇女进行垃圾分类与清理,同时,监督村民的日常垃圾处理行为。这有效地减少了生活垃圾污染,美化了村庄的环境。①

---

① 李小红:《韩国新村运动中的女性对中国农村妇女培训的建议》,《世界农业》2013年第7期,第111页。

（三）日本提升农户参与农村公共产品供给动力的做法

由于日本人多地少，日本政府为了满足本国国民对粮食消费的需要，历来注重农业的生产效率。为了最大程度地提高农业生产效率，日本政府非常重视农村公共产品的供给。在农村公共产品供给实践中，日本政府认识到调动农户参与供给积极性对供给活动顺利开展的重要性，为此，制定了一系列激发农户参与供给动力的措施。具体措施主要有以下几方面。

1. 引导农户广泛参与到供给全过程中，提升农户参与供给的动力

第一，政府加强农村社区建设，使农户拥有顺畅的意愿表达渠道。例如，在20世纪70年代末的"造村运动"中，政府规定有关社区规划的制定、实施以及"一村一品"的产品选择等都是农户根据本地实际需要自行思考、自行取舍和自行实施。[1] 第二，政府充分保障农户在有关土地改良政策的制定上，享有决策权利。具体来说，让农户选举相关成员组成总代会，总代会决定有关农业土地改良设施和灌溉排水协议的签订、更改、终止以及各种费用的征收方式等事项。[2] 第三，政府还让农户在农村公共产品供给的具体项目和内容的选择上享受菜单服务。日本农林省构造改善局通常把需供给的农村公共产品的具体项目和内容制作成菜单的形式，供农户依据实际需要"点餐"，在农户点完"菜"后，由政府制定出详细的项目实施方案。项目实施方案在只有得到三分之二以上社区农户同意的情况下，政府才能实施该项目。这充分体现了农户在供给中的主体性地位。第四，在农村公共产品建成管护上，日本政府规定大多数农村公共产品建成后，交由农户自行管理和维护。可

---

[1] 李海舰:《国外农村社区公共产品供给特征及对我国的启示》,《天中学刊》2013年第5期,第31页。

[2] 匡远配、汪三贵:《日本农村公共产品供给特点及其对我国的启示》,《日本研究》2005年第4期,第52页。

见,日本政府在农村公共产品供给的各个环节都非常重视农户的作用,这有效地激发了农户参与供给动力。

2. 注重建立健全农户参与供给的法律法规和制度建设,为农户参与供给提供外部支持力

日本政府从 20 世纪 50 年代起先后颁布了以《农业基本法》为"农业宪法",包括《土地改良法》、《旱田农业改良促进法》、《农业机械化促进法》、《农业协同组合法》、《关于农业振兴区域建设法》、《山地振兴法》、《水资源开发公团法》和《村落地域建设法》等百余部有关农业方面的法律法规,已形成了比较完善的农业法律体系。这些法律虽然不是专门针对农户参与农村公共产品供给而制定的,但涉及很多关于保障农户参与农村公共产品供给的相关条文。这为农户参与农村公共产品供给提供了有效的法律支持和很好的保障作用。

在制度建设上,日本政府注重保障农户充分参与供给规划、监督和管护以及培养农户自主自立精神等方面的制度建设。这为农户参与农村公共产品供给提供了有效的制度保障。

3. 注重发挥农村合作组织组织农户参与供给的作用,增强农户参与供给的动力

第一,引导农户通过农协来参与供给。农协是"农业协同组合"的简称,是一个由农户自愿结合而成的集农业、农村、农产三类组织于一体的社区组织。从本质上看,它是日本农户自治的合作组织。目前,农协几乎遍布日本每个市町村,其经营业务涉及农田水利建设、医疗设施建设、生活环境整治、农业技术指导、农业信息传播和农村金融服务等农户生产和生活的各个领域。农户可以通过农协组织有效有序地表达自己的利益诉求,从而可增强农户参与供给决策的动力。第二,农户通过"木纳"来参与供给。"木纳"是一种通常由 30—50 个农户组成的乡村社区。它参与活动范围广,涉及本社区内的水渠和道路的维护、农业

生产情报提供和农产品销售等几乎所有合作活动。农户依据家庭人数多少和拥有农田数量等情况参加"木纳"活动。① "木纳"为农户参与农村公共产品供给活动提供了载体,便于农户参与供给。第三,农户通过"土地改良区"来参与农田整治、农村道路和排水工程等方面供给。"土地改良区"成立于1959年,是农户自主成立的专门从事200公顷以下土地改良工作的组织,但其组员加入和费用征收是强制性的。土地改良区以木纳为基础,木纳选出代表组成的土地改良区代表会议对农田整治、农村道路和排水工程等方面农村公共产品供给进行决策。

总的看来,政府通过健全农村合作组织,让农户参与供给拥有一个合适的载体,这可有效地提升他们参与供给的动力。

(四)美国提升农户参与农村公共产品供给动力的做法

美国是一个农业高度发达的国家,城乡一体化程度高,城乡公共产品的供给政策并无本质差别。与城市公共产品供给相比,农村公共产品供给只是由于供给对象和对不同公共产品需求强度不同而显示出自身特点。在美国,大多数农业生产者经营面积不等的农田,使用机械化生产,通常称之为农场主,不是传统意义上的农民。美国农户通常是以大中小农场主身份出现的。美国基层社会具有长期自治的历史传统,这使得美国政府很少直接干预农业生产和农村公共产品供给,更多的是引导农户参与供给决策、供给监督和给予供给资金的支持,以充分激发农场主参与供给的动力。美国政府提升农场主参与农村公共产品供给动力的具体经验做法主要有以下几方面。

1. 为农场主设计了比较顺畅的公共产品供给需求表达渠道

在美国农村公共产品供给过程中,政府已建立起了比较健全的农

---

① 匡远配、汪三贵:《日本农村公共产品供给特点及其对我国的启示》,《日本研究》2005年第4期,第52页。

场主供给需求表达机制。农场主表达供给需求具有多种途径。一是直接向地方政府部门提出具体供给建议,让其尽量满足农场主的具体要求。例如,按照有关法律规定,弗吉尼亚州农业部会应农场主要求提供农业环境治理、水土保持等方面的服务。[1]　二是通过非政府组织等向政府提出有关供给的具体要求。在马里兰州,马里兰乡村基金会积极向政府传达民众的利益诉求,赢得了政府的支持。近年来,马里兰乡村基金会每年都可以从马里兰州政府得到一笔数额不小的拨款。三是"以脚投票"来表达供给需求。即,某一农场主如果对现居住地的供给现状不满意的话,则可以迁移到能满足其需求的其他地方居住。[2]　农场主通过上述途径能较好地反映自己的需求意愿,政府借此可以得知农场主的需求动向,为政府制定支持农村公共产品供给的具体政策提供依据,从而可以有效地提升农村公共产品供给水平。

2. 积极扶持乡村合作社发展,发挥合作社调动农场主参与供给的积极性

为能及时全面地引导农村公共产品的有效供给,美国联邦政府高度重视乡村合作社发展,在联邦农业部设立了农村商业和合作社发展局,对乡村专业合作社等组织进行扶持,扶持手段主要有直接提供贷款、贷款担保和技术援助等。据了解,联邦农业部每年提供约 200 亿元的贷款或贷款担保。[3] 这些扶持手段可有效地壮大乡村合作社。由于乡村合作社主要由农场主参与成立,与农场主有着直接联系,因而,乡村合作社便于了解农场主在参与供给中需要哪些具体的支持。乡村合

---

① 樊晓民:《关于美国乡村地区公共产品供给情况的考察报告》,http://nw.yangzhou.gov.cn/snpl/201207/c8a8b507c34a47ba9a2b0115545a6148.shtml,2012-07-17.

② 赵杰等:《美国乡村地区公共产品供给情况考察》,《中国财政》2010 年第 1 期,第69 页。

③ 樊晓民:《关于美国乡村地区公共产品供给情况的考察报告》,http://nw.yangzhou.gov.cn/snpl/201207/c8a8b507c34a47ba9a2b0115545a6148.shtml,2012-07-17.

作社在了解农场主需要哪些具体支持需求的基础之上,可以发挥其自身优势为农场主参与乡村公共产品供给提供相应帮助,进而可提升农场主参与供给的动力。

3. 积极利用经济手段鼓励农场主提供与维护农村公共产品

美国联邦政府和州政府一直重视通过财政奖补方式鼓励农场主提供与维护公共产品。例如,在弗吉尼亚州,州农业部专门设立了空气水土保持办公室,安排专项财政资金,建立奖惩机制,监测并保护牧场环境。[①] 如果该州某一农场主在河的上游放牧,污染了水源,受到影响的下游居民可以向州农业部提出诉求,州农业部空气水土保持办公室会及时派人调查,要求放牧的农场主限期对农场进行改造,避开水源地放牧,取水喂牲口,不得让牲口靠近河边,建立排泄物固定场所,做好排泄物的净化工作等,并给予技术支持,提供改造资金补助。改造资金先由该农场主垫付,如果农场改造验收合格,政府会根据该农场主的收入状况,给予项目改造资金15%至75%的财政补贴。而对超期没有进行改造的农场主,空气水土保持办公室会对其进行罚款。这种奖罚分明的机制能基本保证该州农场的环境不受破坏。[②] 除此之外,针对农场主自主修建乡村道路,政府一般采取直接按比例进行资助;对农场主参与农业生产和销售服务,通常给予补贴和贷款贴息等。这些措施都很好地激发了农场主参与乡村公共产品供给的动力。

(五)法国提升农户参与农村公共产品供给动力的做法

法国农业在其经济结构中具有举足轻重的地位。法国农业生产

---

① 赵杰等:《美国乡村地区公共产品供给情况考察》,《中国财政》2010 年第 1 期,第 68 页。

② 樊晓民:《关于美国乡村地区公共产品供给情况的考察报告》,http://nw.yangzhou.gov.cn/snpl/201207/c8a8b507c34a47ba9a2b0115545a6148.shtml,2012-07-17.

以中小农场和家庭劳动居主导地位。法国的城乡公共产品供给的政策基本一致,只是在供给的形式和手段上存在一定差异。在农村公共产品供给中,注重调动农户参与农村公共产品供给的动力。其具体经验做法包括以下几方面。

1. 政府认为农业是一种公共产品,给农户发放补贴,激励农户进行农业生产

法国农户在农业生产过程中,培育大量的绿色植物和饲养大量的动物,在获得相应收成的同时,又净化了环境,维护了生态平衡,使生态和生物多样性得以形成,这是社会发展需要的,而且这具有外溢性,对全体国民都有利,因而,农业生产是一种公共产品。法国政府对生产这种公共产品的农民给予补贴,这样就有效地调动了法国农民进行农业生产的积极性。

2. 发展和健全农业合作社,通过合作社调动农户参与农村公共产品供给积极性

从 20 世纪 60 年代起,法国政府先后颁布了《农业指导法》、《合作社调整法》和《农业合作社条例》等法律法规,这有效地规范和促进了农业合作社的发展。法国农业合作社可以及时有效地为农户提供农业生产、农产品流通、资金信贷和技术指导等服务。同时,它也能聚集农户关于农村公共产品供给的意见,便于与政府进行沟通,向其传达供给需求和意见。政府的意见也可以通过农业合作社向农户传达。这实现了农户与政府间的有效互动,有效地调动了农户参与供给的积极性。

3. 加大对农户的培育,为农户参与农村公共产品供给奠定基础

法国拥有全方位的农业教育体系,政府对其投入了大量资金,开展农村青年的学历教育、农业技术教育、就业前学徒培训和就业后继续教育等,其中学历教育包括高等农业教育和中等农业教育两个层次。目前,95%以上青年农民具有中等农校毕业水平。这对培养高素质的农

民有着重要意义,也可以有效地培育农户参与农村公共产品供给所需的相关能力。①

二、典型国家政府提升农户参与农村
公共产品供给动力经验的比较

通过分析印度、韩国、日本、美国和法国五国政府在提升农户参与农村公共产品供给动力上的经验做法可以看到,五国政府基于类似的目标采取了一些相同或类似的做法,同时,由于各国经济发展的差异、权力运行体制的不同和政治文化的差别,各国政府的做法也存在差异。

(一)印度、韩国、日本、美国和法国五国政府做法的相同之处

1. 注重自下而上的农户利益表达机制的建立

政府供给何种农村公共产品和如何供给农村公共产品,关系到农户的需求能否满足,利益能否得到保障。农户对此问题很关注。因此,为了保证供给的畅通,各国均注重农户利益表达机制的建立,以保障农户的意愿能够在政府对农村公共产品供给中得以实现。如印度,在宪法修正案中确定了村民自治制度,农民通过村民自治制度来进行利益表达;韩国是通过村级民主决策的形式来进行意愿表达;美国和日本则分别通过地方自治和社区引导的方式来确立表达机制。

2. 注重农村公共产品供给决策机制的透明

在绝大多数国家,特别是发展中国家,城乡之间存在不同程度的差距,农村和农户总是处于相对弱势地位。政府供给农村公共产品的总量和方式等决定了能否缩小城乡差距。农村公共产品供给公平公正是

① 孙磊、陈端颖:《国外农村公共产品供给:借鉴与启示》,《农业部管理干部学院学报》2013年第2期,第49—50页。

社会民主和正义的重要体现,而供给决策透明是实现农村公共产品供给公平公正的基本保障。为此,在农村公共产品供给中,必须建立起透明的供给决策机制。上述五国都比较注重农村公共产品供给决策机制的透明。例如,印度通过村民自治方式让农民参与公共产品供给的民主决策,可以更好地体现农民的供给意愿,减少决策目标的偏离;韩国农户通过集体决策机制,避免了决策的暗箱操作;在日本,政府主导、农户自愿参与的方式有效地保证了供给决策的透明度;美国则是通过农场主民主决策的形式来保障其透明度。

3. 注重建立激励机制来激发农户参与农村公共产品供给动力的提升

从五国的农户现状来看,多数农户因民主意识、能力水平、经济条件等限制参与农村公共产品供给的动力普遍不足,因而为了激励农户参与供给,各国均建立了完善的激励机制来提升农户参与动力。如韩国、印度均发挥合作社在融资、农产品流通上的作用来给予农户优惠政策从而激励农户参与;日本是通过农协为农户在融资、保险等方面提供优惠而激励农户参与;美国则是通过财政补贴这种经济奖励形式来激励农户参与;法国是通过发放补贴的方式来激励农户参与农村公共产品的生产和供给。

4. 注重农业合作社功能的发挥

在农村公共产品供给中,分散的农户难以直接与政府进行对话,集中向各级政府表达自己的需求意愿,为此,需要一定的中介机构在公共产品供给中发挥上传下达的作用,一方面,代表农户利益为农户表达需求意愿,另一方面,将政府的政策和想法传递给农户。无疑,这个最好的机构就是农业合作社。上述五国的农业合作组织的名称不同,但基本功能和运作方式是基本相同的,且都较为发达,合作组织在代表农户与政府沟通中发挥了重要的作用。

（二）印度、韩国、日本、美国和法国五国政府做法的不同之处

上述五国政府关于提升农户参与农村公共产品供给动力的许多做法是相同的，但由于各国的经济发展、政治体制、政治文化和社会治理传统等方面存在差异，其做法也存在不少差异。上述五国的具体差异如表4-1所示。

表4-1　五国政府提升农户参与农村公共产品供给动力上的差异比较

	法律保障	政府作用	农户意愿	供给动力
印度	以宪法修正案的形式确立的	以村民自治为主，政府作用为辅	较强烈	农户主动
韩国	通过政策来推动	政府主导	不是很强烈	农户被动
日本	以《农业基本法》为核心，形成了完整的法律体系	政府主导	不是很强烈	农户被动
美国	联邦的农业法案和各州有关的农业政策	以地方自治为主，政府作用为辅	较强烈	农户主动
法国	通过政策来推动	政府主导	不是很强烈	农户被动

五国政府提升农户参与供给动力的做法存在差异，主要是由下列原因造成的：第一，各国城乡经济发展水平的不同。美国、法国和日本三国城乡一体化水平高，城乡差距较小，其农村公共产品供给体系本身就很发达，农村公共产品供给过程较为顺利，成效也不错；但韩国、印度城乡经济水平差异较大，政府对农村公共产品供给投入不及对城市公共产品的投入，故其对农村公共产品供给成效不如日本、美国、法国好。第二，农户自治体系的差异。美国、印度实行的是联邦制的国家结构形式，农村具有长期自治的传统，因而农户能熟练运用自治决策机制；而日本、韩国、法国实行的是单一制的国家结构形式，政府权力渗透到农村基层组织中，农村基层组织自主性不足，农户对于自主决策机制运用不如美国、印度。因此，美国、印度农户的供给意愿和动力更足，而日本、韩国、法国农户对于政府有较强的依赖性，主动参与的动力普遍不

足。第三,政府供给农村公共产品目标不同。美国、日本、法国这三国属于发达国家,城乡差距较小,农户公共产品供给目标与城市公共产品供给目标几乎没有差异,供给目标较高,主要着眼于提高和丰富农户的生活质量;而印度、韩国政府,特别是印度政府,在对农村公共产品的供给基金有限的情况下,力保基本公共产品的供给,使农户生产生活得到基本保障。

三、国外政府提升农户参与农村公共产品供给动力经验的借鉴

上述印度、韩国、日本、美国和法国等国政府在提升农户参与农村公共产品供给动力上积累的一系列宝贵经验可以为我国政府鼓励农户参与供给提供诸多启示与借鉴。

(一)以农户需求为导向,建立农户畅通的需求表达机制

美国、日本和韩国等国政府比较重视在农村公共产品供给中建立农村居民真实需求意愿的表达渠道,建立比较畅通的需求意愿表达机制。美国政府规定乡村居民可通过向议员游说、直接向各级政府提建议和"以脚投票"等方式,来表达对农村公共产品的具体需求。日本政府规定农户可通过农协、"木纳"和土地改良区等组织充分参与供给协商。韩国农村公共产品供给项目是通过农户的民主选择来确定的。这些措施可以将农户的供给需求客观、及时地传递给政府,便于政府制定相应的供给政策。这有效激发了农户参与供给需求表达的动力。

(二)尊重农户的主体地位,建立农户全面参与的供给决策机制

从美国、日本、韩国、印度和法国等国的农村公共产品供给实践

中可以看出,各国农村公共产品供给都是以政府供给为主导,但同时,政府也保障和鼓励作为农村公共产品消费者的农户的积极参与,并且在供给中,尊重农户的主体地位。只有这样,农户才有参与供给的动力。

(三)通过经济激励调动农户参与农村公共产品供给的积极性

美国和韩国等国政府在调动农户参与供给积极性时,通过利用经济刺激的手段,对在参与供给中表现突出的农户给予相应的奖励或补贴,反之,则不给予奖励或补贴,甚至还要罚款。这种奖惩分明的措施对农户参与供给行为起到了很好的激励或约束作用。

(四)重视农村社区建设,注重发挥农村社区组织农户参与供给的作用

在韩国,通过农协组织农户参与农村公共产品供给。在 20 世纪70 年代末的日本"造村运动"中,政府非常重视农村社区的作用,以农村社区为载体,广泛吸收农村社区居民参与供给。从以上可以看出,这些国家都注重通过农村社区组织来听取农户对农村公共产品供给的具体意见,充分发挥农户在供给中的作用,提高供给的效率。

(五)推动农业合作组织的发展,发挥其在组织农户参与供给中的载体作用

印度、日本、韩国、美国和法国政府都积极推动农业合作组织的发展,并以合作组织为依托开展各种农村公共产品的供给。农户为了更便捷地、更有效地获得所需公共产品的供给,通常加入农业合作组织。例如,在美国,农户通过合作社表达自己的需求,合作社主要为农户提供农业基础设施供给和农业的购销、信贷、信息和咨询等服务。日本农

协向农户提供的服务包括农业生产资料供应、农业具体生产和农产品销售等。这些农村合作组织在政府与农户之间架起桥梁,起到沟通、引导与组织的作用,这有效提高了农户参与农村公共产品供给的动力。

第五章　提升农户参与农村公共产品供给动力的对策

农户参与农村公共产品供给动力的提升需要内外部条件的共同作用。从内部条件来看,主要是农户供给理念的转变,而外部条件则是需要财力、人力、组织、机制等方面的支持。本章主要从这五个方面,阐述提高农户参与农村公共产品供给动力的具体对策。

一、转变供给理念,为农户参与供给提供思想动力

(一)在明确政府供给主体性理念同时,进一步提升农户参与供给意识

1. 明确政府在供给中的主体地位

目前转变政府职能总趋势是减少政府对社会事务与微观经济活动的干预,强化政府的社会管理与公共服务职能。[①] 为社会提供合格的公共产品是现代政府重要的社会管理与公共服务职能之一。政府应在农村公共产品供给过程中处于主体地位,发挥着核心作用。一方面,这是由农村公共产品的自身性质决定的。由于一些农村公共产品属于纯

---

① 朱艳菊:《马克思主义的政府价值理论研究》,中国社会科学出版社 2018 年版,第181 页。

公共产品,供给主体无法通过供给纯公共产品获利,因而,政府以外的主体难有提供此类公共产品的动力。另一些属于准公共产品的农村公共产品,虽然非政府主体可以参与供给,但由于受非政府主体参与供给的资金和自身组织能力等条件的限制,非政府主体参与供给不可能成为最主要的供给主体。另一方面,这也是世界上工业化国家的通常做法。在日本、美国、英国等国,政府都是农村公共产品供给资金的最主要承担者,在供给中处于主体地位。

为确保政府在农村公共产品供给过程中的主体性理念得到有效落实,实现农村公共产品的有效供给,应从以下几个方面着手。一是要落实政府供给的资金来源渠道。各级政府要把提供农村公共产品纳入财政制度框架,纳入每年的财政预算,使得供给资金具有稳定的来源渠道。只有这样,农村公共产品供给水平才能得到有效提高。二是合理划分中央和地方政府的供给职责。作为供给主体的各级政府应依据农村公共产品受益范围划分供给职责。中央政府应主要从事大江大河治理、农村义务教育、农业气象服务和农业病虫害防治等受益范围遍及全国的公共产品供给。地方政府则负责涉及本区域内的农业水利灌溉、乡村道路和农村电网等受益范围为地方性的公共产品供给。外溢性较强的地方性公共产品则由中央和地方政府共同提供。

2. 进一步提升农户参与供给意识

虽然政府应在供给中担负主要供给责任,但并不意味着农户只需坐等接受政府的供给即可。实践表明,农户只有参与到供给中来,其供给意愿才能得到更好满足。但长期以来,由于不少农户受"官重民轻"观念的影响以及平等对话机制的缺失,认为农村公共产品供给是"肉食者谋之",敬而远之,农户参与供给的意识不强,这严重制约了农户参与供给的行为。为此,政府应当向农户宣传积极参与供给的重要性和必要性,让他们认识到参与供给是实现自己真实需求的重要手段,认识到参与供给不仅是自己的一项权利,也是一项基本义务,以消除农户的小农思想,提升农户参与供给的意识。

(二)树立政府与农户间合作供给理念,维护农户在供给中的自主性

政府与农户间合作供给理念的树立可为农户在供给中获得平等的地位提供保障,农户在供给中平等地位的获得则有助于维护农户在供给中的自主性。

1. 政府要尊重农户在供给全过程中的地位

树立政府与农户间合作供给理念的前提是要尊重农户在供给过程中的地位。但长期以来,政府在实施对农村公共产品供给时,往往对农户参与筹资的环节较为重视,动员农户参与筹资,但对农户参与供给决策、供给监督和建成后管护的环节时常采取有意或无意的忽视态度,这极大影响了他们参与供给的积极性,因此,各级政府还应充分重视农户在供给需求表达、供给决策、供给资金与质量监督以及建成后管护中的作用,切实保障他们在供给的各个环节上都享有充分的话语权,保障他们的利益不受损。只有这样,才能充分调动他们参与供给的积极性。

2. 充分发挥农户的特长,实现政府与农户在供给中的优势互补

政府与农户间实现合作供给的基础是两者在供给中能优势互补。农户最接近农村公共产品,最熟悉农户公共产品的性能,在供给监督和建成后管护等环节上比政府更有优势,因而,政府要积极发挥农户的这些优势,与政府在供给筹资和供给规划等方面的优势实现互补。

3. 建构政府与农户主体之间良性互动关系

政府与农户间合作供给理念能长期得以贯彻则需要两者间长期保持和谐良性的互动关系。这种互动关系要以实现农村公共利益最大化为目标,并且要充分尊重农户的意愿。只有这样,才能确保农户在供给

中的自主性,有效激发农户主体的积极性,充分发挥农户主体在供给中的作用,弥补政府供给的不足,进而有效增加农村公共产品的供给。

(三)充分利用农村社会资本,克服农户参与供给的集体非理性①

提升农户参与农村公共产品供给的思想动力要求必须克服农户在供给中的"搭便车"等非理性思想。罗伯特·帕特南认为,包括信任、规范和网络等在内的社会资本能促进合作,避免集体困境,进而可以提高社会效率。② 为此,应充分利用农村社会资本,积极克服农户参与供给的集体非理性。

1. 建立农户间信任的社会关系,克服农户参与供给的集体非理性

罗伯特·帕特南认为:"信任是社会资本必不可少的组成部分,在一个共同体中,信任水平越高,合作的可能性就越大。而且,合作本身带来了信任。"③F.福山认为信任就是社团成员对彼此常态、诚实、合作行为的预期,基础是成员共同拥有的规范以及个体隶属于社团的角色。④同时,群体成员间长期成功的合作又能增加他们之间的充分信任,有利于以后进一步的合作。当前农户在供给中非理性的集体困境,只有通过建立农户间信任的社会关系才能得到有效克服。一方面,构建基于信任

---

① "充分利用农村的社会资本,克服农户参与供给的集体非理性"这部分内容是本书作者与刘桂芝教授共同署名发表的《农户参与农村公共产品供给:方式、前提条件与实现路径》一文的部分内容,现已征得刘桂芝教授的同意,将其作为本著作的一部分。参见汪旭、刘桂芝:《农户参与农村公共产品供给:方式、前提条件与实现路径》,《湖湘论坛》2014年第5期,第64页。

② [英]罗伯特·D.帕特南:《使民主运转起来》,王列、赖海榕译,江西人民出版社2001年版,第193页。

③ [英]罗伯特·D.帕特南:《使民主运转起来》,王列、赖海榕译,江西人民出版社2001年版,第200页。

④ [美]F.福山:《信任:社会美德与创造经济繁荣》,袁德华译,海南出版社2001年版,第60—70页。

的社会关系,可以增强农户之间信任程度,使得农村社区普遍具有公共精神。这样农户在进行农村公共产品供给决策时,会自觉地将社区整体利益置于个体利益之上,为了社区整体利益会牺牲个人的利益,出现"损己利人"的"非理性"行为。另一方面,基于信任的社会关系可以把不合作者边缘化。农户在长期的重复博弈中了解到违背合作原则会受到相应惩罚的。例如,少部分农户在修建村内道路的筹资过程中不肯出钱,影响到道路的修建,但事后会遭到村里其他人一致孤立的惩罚。在道路建成后,未参与筹资的农户走这条道路也会受到其他农户道义上的谴责。这就驱使这些农户参与下次公共产品供给的集体行动。这样,基于信任,农户们从整体和长期来计算自己的收益并做决策,使同一农村社区的农户更容易达成一致,促成公共产品供给集体行动的形成。

促进农户信任的社会关系形成的重要途径是加强对农户的道德教育。对农户进行公民的道德教育的重点是要提高农户的权利意识、平等意识、法治意识和责任理念,引导农户形成公共良知,确立公共理念,进而将其公共生活态度和行为取向转化为以公共意志、公共情感和公共利益为依托的公共精神,真正促进农户间的信任与合作。

2. 利用农村社会网络关系,克服农户参与供给的集体非理性

罗伯特·帕特南认为:"任何社会,无论是现代的还是传统的,专制的还是民主的,都是由一系列人际沟通和交换网络构成的。"[1]他把这些人际关系网络分为横向和纵向两种,并认为对共同体而言,横向关系网络越密集,其成员就越有可能为了共同利益而进行合作,就越能够促进制度的成功。[2] 家庭、朋友和乡亲网是以地缘、友缘和业缘关系为

---

① [英]罗伯特·帕特南:《使民主运转起来》,王列、赖海榕译,江西人民出版社2001年版,第203页。

② [英]罗伯特·帕特南:《使民主运转起来》,王列、赖海榕译,江西人民出版社2001年版,第206页。

纽带形成的、具有横向关系性质的网络群体。在这些网络群体中,人数不多,其内部成员之间存在直接的互动,属于小群体的概念范畴。我国农村社区面积比较小,人口较少,属于熟人或半熟人社会,农户在村庄中基于地缘、友缘和业缘关系而形成小群体。小群体间的关系网络直接影响着集体行动统一规范的形成,可以克服农户供给的集体非理性。在农村公共产品供给中,村干部或者一些农村精英,在村里通常有自己比较亲近的基于血缘和友缘的交往网络并在村中有一定的威望,他们可以通过自己的私人关系网络或请求别的在村里有威望的人出面协调个人和集体利益间矛盾,克服农户的集体非理性,最终促使农村公共产品得以供给。在鲁东 D 村调研得知,2010 年,该村要拓宽村里的一条主干道,根据规划方案,最经济的方案是拆掉一位王姓村民家的两间房屋,可以使道路变直,成本较低,另一种方案是在原路面上拓宽,造价较高,且道路弯曲,容易引发事故。起初,王姓村民不同意拆掉自家的房屋,导致路面拓宽工作一度停滞。后来,该村村委会主任得知该村民一贯比较听其叔叔的话,他叔叔在威海某县级市市直机关任职,而他叔叔与村委会主任是小学和初中同学,关系甚好,村委会主任利用其叔叔春节回乡探亲的机会,让其叔叔成功说服王姓村民拆掉自家房子,使得道路拓宽得以顺利进行。可见,在农村公共产品供给中,家庭、朋友和乡亲网等非正式网络群体对克服农户集体行动困境,激励农户参与供给有着重要作用。

3. 利用农村社会规范,克服农户参与供给的集体非理性

当前农村社会规范是建立在契约精神和市场规范体系基础之上的。契约精神和市场规范体系具有高效性、稳定性和规范性等特征,对于培育农户公共精神,克服农户参与供给的集体非理性具有积极作用。

第一,利用政治契约精神,培育农户公共精神,克服农户参与供给的集体非理性。农村政治契约精神主要指在村民自治中农户所具有的积极行使村庄公共事务参与权并履行关心与保护集体利益等义务的公

民意识。这种政治契约精神的形成有利于促进农户间形成广泛的共识与合作,有助于培育农户公共精神,可以推动农户公共精神超越传统的宗法伦理,使其具有现代意义上的公共性意涵。

第二,利用市场规范体系所蕴含的先进理念来丰富农户公共精神的内涵,克服农户参与供给的集体非理性。当前社会主义市场规范体系中蕴含了公平、诚信与和谐等理念。随着市场经济的日益完善,公平、诚信与和谐等理念逐渐得到内化,这有助于丰富农户公共精神的内在品格。公平理念的内化有望改变中国传统农户公平意识缺失的不足,推动他们主动参与村庄公共事务,积极维护社会公平。诚信理念的内化有利于推动农户在村庄公共事务上相互团结和协作,有利于激发农户的责任意识。① 作为中国传统文化精华的和谐理念的内化有利于农户在维护村庄公共利益的基础上来实现个人利益,有利于不同利益群体之间的相互包容,有助于促成农户集体行动,进行协同供给,提高供给效率。

二、增强农户的经济实力,为提升农户参与供给动力提供财力支持②

农户参与供给农村公共产品的最主要方面为参与供给筹资,这需要农户具有较强的经济实力。否则,农户即使有较强的参与供给愿望,也难以真正有效地参与供给。因此,这就需要千方百计地促进农村经

---

① 吴春梅、石绍成:《乡村公共精神:内涵、资源基础与培育》,《前沿》2010 年第 7 期,第 134 页。

② "增强农户的经济实力,为其参与农村公共产品供给提供财力支持"这部分内容是本书作者与刘桂芝教授共同署名发表的《农户参与农村公共产品供给:方式、前提条件与实现路径》一文的部分内容,现已征得刘桂芝教授的同意,将其作为本著作的一部分。参见汪旭、刘桂芝:《农户参与农村公共产品供给:方式、前提条件与实现路径》,《湖湘论坛》2014 年第 5 期,第 64—65 页。

济发展,提高农户的经济收入水平,为农户参与供给提供财力保障。

(一)优化农业产业结构,提高农业生产收益

1. 积极培育本地区的支柱与特色产业

我国地域辽阔,不同地区间自然条件差异大,各地应充分发挥本地的比较优势,因地制宜,从统筹经济效益、社会效益和生态效益等出发,统一规划,合理布局,实现资源最优配置,形成本地区的支柱与特色产业。例如,近年来,鲁中 J 村的村"两委"班子积极向外取经,邀请专家来村指导,找出本村产业发展的优势,培育本村特色和支柱产业。根据该村山地多和日照好等特点,村"两委"班子将发展经济林和高效农业作为本村产业发展的重点。截止到 2013 年底,该村种植经济林 2000 多亩,已实现经济效益 200 多万元。同时,还对废弃煤矿进行填埋,及时复垦,开展大棚蔬菜、肥城桃和樱桃等种植;利用废弃防空洞,开展蘑菇种植。由于防空洞温度和湿度非常适宜蘑菇生长,生产出的蘑菇品质优良,很受市场欢迎。近年来,该村高效生态农业效益显著,特色明显,这使该村经济有了很大发展。其他村庄可以从该村中借鉴经验。

2. 以市场为导向,调整农业产业结构

具体来说,第一,面向国内国外两个市场,以市场为导向,因地制宜地调整农、林、牧、渔业的比例。针对当前山东省农村地区种植业比重普遍较高的现状,可以考虑积极发展畜牧业。发展畜牧业,可将多余粮食用于饲养家畜家禽,解决部分粮食过剩问题,还可以带动农副产品加工业,延长农业产业链,增加农业附加值,从而增加农民收入。此外,山东省东部地区地处沿海,渔业资源丰富,一方面,可以大力发展捕捞业;另一方面,积极发展人工养殖业,特别是,发展名特优新品种养殖,实现农业产业结构的优化。第二,优化农业内部结构。农业内部结构是指依据农业产品性质和生产特点不同而划分的农业产业的二级结构。例

如,畜牧业中包括养猪业和养禽业等,渔业中包括养殖业与捕捞业等。[①] 农业内部结构的优化对于农业生产效益的提高同样具有重要意义。各地要根据所处地理环境、产业传统和市场需求等因素,合理调整农业内部结构,实现农业生产效益的提高。

总之,要通过调整农业产业结构,优化农产品品质,以质取胜,提高农业综合经济效益,为增加农户收入创造条件。

(二)大力发展乡镇企业,实现工业富民

乡镇企业根植于农村,由农民创办和经营,实现了农民离土不离村、进厂不进城的就业愿望。它可以活跃乡村经济,增加农民收入,改善农民生活,进而促使农民对公共产品有更高的需求。更重要的是,乡镇企业积累的资金还可以为农村公共产品的自主供给提供财力支撑。

1. 注重发挥比较优势,提高乡镇企业经济效益

乡镇企业产生于农村,壮大于农村,对农产品比较熟悉,距离原材料产地近,进行农产品深加工具有比较优势。同时,与城市中的企业相比,乡镇企业的劳动力成本较低,因此,乡镇企业要充分发挥自身的比较优势,围绕农村相关产业做文章,提高经济效益,带动农村经济发展。例如,鲁东 D 村身处沿海地区,水产资源丰富,该村兴办的乡镇企业可以在海产品深加工上多做文章,发挥其在海产品深加工上的优势,创造经济效益,造福村民。

2. 创新乡镇企业制度,完善企业运行机制

当前我国乡镇企业普遍存在企业管理制度不健全,管理手段落后,机构设置不合理,员工素质不高等问题,这直接制约了乡镇企业的发展壮大。要使乡镇企业实现快速健康发展,则必须进行乡镇企业制度和

---

① 赵慧娥:《外商投资是农业产业结构升级的推动力》,《农业经济》2004 年第 10 期,第 37 页。

运行机制的改革和创新。具体来说,通过产权制度改革,建立现代企业制度,确立企业独立法人地位。突破乡土观念的束缚,拓宽用人视野,建立"能者上,庸者下"的用人机制。推广应用现代企业价值链、供应链、精细管理和标杆管理等最新企业科学管理手段,实现管理手段创新。

3. 利用信息技术,增加乡镇企业竞争能力

随着互联网的普及,互联网技术在乡镇企业的生产与经营中的重要性越来越凸显。企业通过互联网来联系国内外市场,既能够获得大量市场信息,降低生产成本,拓宽销路,又有助于增加企业和产品知名度。因此,乡镇企业应充分认识到信息时代电子商务对于企业发展的重要意义,积极引进电子商务所需的企业管理、计算机、外语等专业人才,配备电子商务所需设备,开展电子商务,与国内外市场进行广泛的业务联系,增强其自身的竞争能力。①

(三)积极发展第三产业,吸纳富余劳动力,增加农民收入

随着农业生产机械化的普及和土地流转制度的完善,我国农村越来越多的劳动力从有限的土地上解放出来。现阶段劳动密集型制造业很难再继续大规模吸收农业剩余劳动力,而第三产业属于劳动密集型产业,可以吸纳大批农村劳动力,且当前在我国发展滞后,有很大的发展空间。因此,农村富余劳动力向第三产业转移是解决劳动力就业和增加农民收入的重要途径。

1. 加强对富余劳动力的教育培训

随着社会的发展与进步,第三产业出现了大批新兴部门。与传统第三产业不同的是,这些部门对劳动力的技能要求较高。如果劳动力

---

① 刘克非:《现阶段乡镇企业发展状况与对策探析》,《特区经济》2008 年第 4 期,第238 页。

的素质不高,则很难适应第三产业发展的需要。这就要求加强对劳动者的职业培训。具体来说,应在第三产业对劳动力具体需求预测的基础上,通过村或乡镇农民学校等场所,聘请有实际操作经验的相关从业人士,开展对富余劳动力转移前的岗前培训,使劳动者能够适应第三产业的结构变化和对其就业人员的技能要求,从而实现富余劳动力的顺利转移。

2. 加强劳动力市场建设

当前,存在农村剩余劳动力盲目流向城市的现象,他们进入城市后常常难以很快就业,给城市治安造成了很大隐患。出现此种情况的一个重要原因就是劳动力市场建设滞后。而完善劳动力市场建设的最重要举措是搞好劳务中介机构建设。具体来说,要完善劳务中介机构的软硬件设施,提升其信息搜集能力,做好对中介服务行为的监督等。通过劳务中介机构为剩余劳动力向第三产业转移提供及时有效的信息和规范的指导,实现剩余劳动力合理有序的流动和转移。[1]

3. 加快小城镇的发展,促进第三产业的繁荣

小城镇是农村一定区域内的中心,聚居了较多数量的农村人口。加快小城镇发展是提高我国城镇化率的重要措施。小城镇的快速发展使得大量农村居民逐渐向小城镇集中,使小城镇成为一定区域内人流和物流的集聚地,这必然会使小城镇第三产业的需求规模增大。因而,加快小城镇发展为繁荣第三产业,也为农村剩余劳动力向第三产业转移创造条件。为此:

第一,搞好小城镇的市政基础设施建设,为发展第三产业提供空间支撑。第三产业涉及镇区日常生活消费服务、物流服务,为农业生产提供的技术服务、核算服务,以及包括农产品价格信息、市场信息等在内

---

[1]　袁晓斌:《加快第三产业吸纳劳动力的步伐》,《经营与管理》2008 年第 8 期,第29 页。

与农业、农村、农民有关的各项服务等。这些服务的开展需要一定的场所,没有相应的市政公用基础设施作支撑,第三产业的迅速发展是不可能的。因而,要加强城镇道路建设、营业用房和通信设施等建设,为第三产业发展提供支撑。

第二,优先安排小城镇第三产业用地,为小城镇第三产业提供用地保障。各级政府应根据小城镇第三产业发展的实际需要,优先审批小城镇第三产业发展项目建设用地,特别是对国家积极鼓励发展的一些第三产业项目,在年度土地供应用地指标上适当给予倾斜,确保小城镇第三产业拥有足够的发展用地。

第三,为小城镇第三产业提供资金支持。一方面,可以考虑设立发展引导资金。市、县、乡财政每年应安排一部分资金用于设立第三产业发展引导资金,实行专款专用,滚动使用,重点用于支持带动性强、聚集效应明显的第三产业项目,实现小城镇第三产业的快速发展。另一方面,各级金融机构应为小城镇第三产业提供融资支持,在贷款利率等方面给予优惠,为第三产业资金的正常运转提供保障。

三、完善村民自治制度,为提升农户参与
供给动力提供组织支持

村民委员会是村民自我管理和自我服务的基层群众性自治组织,具有办理村内公共事务和公益事业的职责,而办理村内公共事务和公益事业的一个重要内容就是为村民提供适合的公共产品和公共服务。但目前由于多数乡镇政府职能向村级组织的过度渗透,村委会自治职能明显没有得到发挥,在决定农村公共产品供给上不能体现他们的真实意愿,这严重打击了农户依托村委会参与公共产品供给的积极性。所以,要使农户能真正参与到公共产品供给中去的重要前提是必须进

一步完善村民自治制度,让村民能真正做到自治,实现自我管理。

(一)完善村民自治的相关法律法规

党的十五届三中全会指出:"发展农村基层民主,必须贯彻依法治国方略,同健全法制紧密结合。"①只有不断完善村民自治的相关法律法规,使村民自治权法律化、制度化,并在此基础上,培养广大农民的法治意识,引导农民依照法律法规开展自治活动,才能真正实现村民自治。可见,完善村民自治的相关法律法规能为村民自治提供有效的法律支持,是实现村民自治的前提。为此,需要从以下几方面努力。

1. 制定《村民自治法》

村民自治权是村民行使民主政治权的重要体现。要使村民自治权得以很好实施,则必须完善村民自治权行使机关的相关规定,这包括村民会议和村民代表会议的职权、召开程序、权利、义务以及各级国家机关与村民会议、村民代表会议、村民委员会的关系等内容。这其实涉及的是国家权力与社会权利配置的根本性原则问题,具有根本制度法的性质,应通过专门法律的形式加以规定。但目前,有关村民自治权的法律规定则放在《村民委员会组织法》中,这使得有关村民自治的法律层级模糊,降低了村民自治权地位,影响到村民自治权的权威性。为此,应考虑制定《村民自治法》。通过《村民自治法》,确立村民自治权的内容、行使方式以及村民自治机关与国家机关的关系等,维护村民自治权的权威性,保障村民自治顺利推进。这也是对《宪法》第 111 条精神的有效落实。②

2. 修改《村民委员会组织法》相关内容

我国《村民委员会组织法》于 1988 年开始试行,并分别于 1998 年

---

① 《十五大以来重要文献选编》上册,中央文献出版社 2011 年版,第 506 页。
② 《宪法》第 111 条规定:"城市和农村居民按居住地区设立的居民委员会或者村民委员会是基层群众性自治组织。"

和 2010 年做了两次修订。新修订的《村民委员会组织法》较好地适应了当前我国村民自治制度发展的需要,但仍然存在一些不足。笔者认为还应做以下修改:一是修改《村民委员会组织法》的相关内容,让其名副其实。目前《村民委员会组织法》将政务、党务、村务和集体经济组织事务的行使等内容集于一身,这与组织法的名称不符。因而,应及时修改,让其主要围绕村民委员会的组织形式、职权、议事程序以及村民(代表)会议的决策机制、执行机制、监督机制等内容来立法,使之回归到组织法应有的形式中去。

二是修改村民委员会任期的规定。现行《村民委员会组织法》规定:"村民委员会每届任期三年,届满应当及时举行换届选举。"[1]从农村基层的实践情况看,三年的任期较短,难以保障一届村委实施既定的计划,选举费时费力,因此,建议将村民委员会任期规定为五年,这样有利于节省人力物力,保持农村社会稳定,促进农村经济社会的持续稳定发展。

三是进一步完善村务监督机构的相关规定。虽然《村民委员会组织法》第 32 条提出村应当建立起村务监督委员会或者其他形式的村务监督机构,但还比较笼统。《村民委员会组织法》没有对村委会成员监督的程序、内容等做出有相应的规定,也没有对村务公开监督小组的人员的选举程序、职责和监督机制等加以明确。这些不足使得村民难以对村务进行有效的监督。为此,需要在《村民委员会组织法》中对村务监督机构的功能和运行程序等进一步加以细化,为村务监督机构的设置提供指导,使村务监督机构在村民自治中发挥出其应有的作用。

3. 制定《村民委员会选举法》

现行《村民委员会组织法》对村民委员会选举规定多是原则性规

---

① 《中华人民共和国村民委员会组织法》,http://www.gov.cn/flfg/2010-10/28/content_1732986.htm,2010-10-28.

定,缺少对村民委员会选举相关细节的规定。从而,出现了一些地方自行制定的选举实施办法与《村民委员会组织法》的选举规定不统一的问题。因此,可以考虑制定《村民委员会选举法》。具体来说,第一,对村民委员会选举的竞选、投票、票数统计等相关程序的细节做出规定,来规范村民委员会选举活动,使选举活动正常有序开展。[①] 第二,对违规选举行为规定出具体的法律后果。例如,对村民委员会选举中的"私下拉票"等行为要有具体的惩处规定。第三,可在该法中确立有关村民委员会选举的诉讼救济制度。例如,可规定行政机关侵犯村民选举权时,允许相对人提出行政诉讼,并可建立行政侵权行为的行政赔偿制度,使村民选举权得到有效保障。

(二)提高村民自治制度的民主化水平

当前,提高村民自治制度民主化水平的最主要途径是完善和健全民主选举、民主决策、民主管理和民主监督这"四项民主"制度建设。

1.完善民主选举制度

实行民主选举是开展村民自治的前提。完善民主选举制度的关键在于建立和完善体现直接选举和公正有序的选举制度。为此,应坚持公平、公正、公开原则,推行村委会组成人员直选制度,真正把思想好、能力强、作风正、一心一意为群众办事的人选进村委会班子,使村委会选举真正体现农民群众的意愿,使村委会真正成为农民利益的维护者、农民声音的传递者,保障村民有关农村公共产品供给的需求意愿得到及时和准确传达。[②]

----

① 潘嘉伟、周贤日:《村民自治与行政权的冲突》,中国人民大学出版社2004年版,第231页。

② 方建中、邹红:《农村公共产品供给主体的结构与行为优化》,《江海学刊》2006年第5期,第105页。

2. 完善民主决策制度

实行民主决策是实现村民自治的关键。它是指村民通过参加村民会议或村民代表会议表达意愿、决策村中重大事务的活动。完善民主决策制度最重要的就是建立和完善村民(代表)会议,优化村民议事规则,使决策做到民主、公开和透明。具体来说,要明确村民(代表)会议的组织形式和决策权限,加强对村民(代表)会议的组织领导、决策落实、违规决策责任追究,完善村民(代表)会议的决策程序和议事规则等。① 特别是,对村内重大事项的决策必须要在充分征求村民意见的基础上提出具体方案,提交村民(代表)会议进行表决。只有这样,才能真正实现村内主要事务由村民民主决策来决定。

3. 完善民主管理制度

实行民主管理是实现村民自治的重要途径。完善民主管理制度就是要建立和完善自我教育、自我管理、自我服务的制度,保障村民的自治权利真正得到实现。从当前来看,应把完善农村集体资金、资产、资源的管理作为村级民主管理的重点。这是因为农村"三资"管理涉及广大农民的切身利益和民主权利,是农民最关注的问题。加强农村"三资"民主管理制度建设,具体来说,第一,强化农村"三资"管理的民主决策。在具体"三资"管理实践中,凡是涉及集体资金的使用、集体资产运营和管理以及资源的承包经营等与村民利益密切相关的重大事项,都要由村民会议或村民代表大会民主讨论决定。第二,规范农村集体资产交易。以乡镇为单位,组建农村集体资产交易中心,搭建固定资产与资源性资产等交易平台,所有村组集体资产的承包发包都须通过交易中心公开进行,严禁暗箱操作,确保集体资产交易的效益最大化。第三,进一步完善农村"三资"管理的相关制度。各地应结合当地实

---

① 古怀璞:《从完善制度入手 推进村民自治科学发展》,《河北科技报》2009 年 1 月 17 日,第 7 版。

际,改革和完善资金管理制度、开支审批制度、财务公开制度、内部审计制度、考核监督制度和责任追究制度等,使"三资"管理实现制度化和规范化。①

4.完善民主监督制度

实施民主监督是实现村民自治的重要保障。完善民主监督制度就是要建立和完善村务公开制度,让群众参与到基层公共事务的监督中去。具体来说,第一,完善村务公开的内容、形式、时间和基本程序。村务公开既要做到村务处理结果的公开,又要做到村务实施计划、进程和效果等公开;②村务既可通过信息公开栏进行公示,也可探索通过网络平台进行公示,以提高公示的效率;村务公开的程序要规范,避免程序不合法。从而,促进村务工作的民主化、科学化,真正实现"阳光村务"。第二,完善民主评议村干部制度。规范民主评议的时间、内容和程序。同时,将评议结果与村干部报酬、干部使用挂钩。③ 对评议不合格的村干部,取消当年度评先资格并扣减当年相应的岗位补贴。对于连续两年评议不合格的村干部,应责令其辞职。第三,积极发挥村务监督委员会作用,把权力关进"笼子",让群众掌管"笼子"钥匙。一方面,要明确村务监督委员会的职权,让村务监督委员会委员参加村有关会议,对村内公共产品供给、村级财务和各项支出等进行监督,并按月、季度公开,接受群众的监督,让村务监督委员会真正成为"村级第三委"。另一方面,强化培训,提高村务监督委员履职能力。定期或不定期地组织村务监督委员会成员进行专题培训,逐步提高他们的政治觉悟、法律

---

① 相加斌:《加强农村三资管理的调查与思考》,http://www.ngb.jd.cn/info.asp? id = 96324,2009-11-19.

② 王传辉:《农村基层民主建设的问题与对策——以山东省滕州市为例》,《山东省农业管理干部学院学报》2006年第2期,第51页。

③ 古怀璞:《从完善制度入手 推进村民自治科学发展》,《河北科技报》2009年1月17日,第7版。

意识和政策水平,让他们明确自己的权利和义务,提高为全体村民谋福利、办实事的工作能力,做到真监督、敢监督。只有这样,才能把权力关进"笼子",运用制度管人管事,让群众掌管"笼子"的钥匙。

农村公共产品供给是农村事务中的一个重要部分。提升村民自治制度民主化水平,可以保障农户在农村公共产品供给中的知情权、参与权、管理权和监督权,规范和优化农户在供给中的行为,为农户参与供给提供有效的组织保障。

(三)增强村"两委"的管理能力[①]

村"两委"是村民自治组织的领导机构,是先进的村民代表。村"两委"的管理能力的高低直接决定着村民自治制度的治理水平,也直接关系到农户能否顺利地参与农村公共产品供给。因此,增强村"两委"的管理能力实属必要。针对农村公共产品供给的任务,村"两委"应注重增强以下几方面的能力。

1.增强村"两委"的组织能力

第一,培育村干部的威信,使其在农户中具有较强的认可度。增强村干部的人格魅力,树立其在农户中的威信,提高其在农户中的认可度,是增强村干部组织能力的重要前提。第二,加强村干部的组织领导能力培训。可以通过选派村干部去县市党校或高校进行理论与实践知识相结合的培训,进一步提高他们的组织领导能力。第三,提高村干部的工资待遇,焕发他们工作热情,增强组织领导的积极性。目前,山东省规定村支部书记和其他"两委"班子成员每年的工资报酬分别为当

[①] "增强村'两委'的管理能力"这部分内容是本书作者与刘桂芝教授共同署名发表的《农户参与农村公共产品供给:方式、前提条件与实现路径》一文的部分内容,现已征得刘桂芝教授的同意,将其作为本著作的一部分。具体参见:汪旭、刘桂芝:《农户参与农村公共产品供给:方式、前提条件与实现路径》,《湖湘论坛》2014年第5期,第66页。

地农民人均纯收入的120%和70%左右。他们的工资报酬,尤其是除村支书之外的其他村"两委"班子成员的报酬,与外出务工等取得的收入相比,还有不小差距,因而,只有进一步提高他们的工资待遇,才能使他们安心工作,增强包括组织领导农户参与农村公共产品供给等在内的村务工作的积极性。

2. 增强村"两委"的决策能力

农村公共产品供给通常是通过"一事一议"来决策,而"一事一议"是由村民自治组织发起和领导的。村"两委"对何时进行"一事一议",哪些农村公共产品为农户最急需而适宜通过"一事一议"来供给,"一事一议"中会遇到哪些问题,如何处理等问题的判断与处理,会直接影响到农村公共产品能否顺利供给。因此,加强对村"两委"班子决策能力的培育显得尤为重要。第一,注重培育民主决策意识。村"两委"班子在对村务管理中,要始终贯彻民主集中原则,特别是,村支书要有民主决策意识。第二,选举文化素质高、领导能力强和口碑好的村民进村"两委"班子。第三,增强村"两委"班子的学习能力,引导他们不断更新观念,树立先进的管理理念。通过这些措施,增强村"两委"在农村公共事务中的决策能力,改变多数村"两委"领导力不足和决策水平不高的局面。

3. 增强村"两委"的筹资能力

资金筹集关系到农村公共产品能否正常供给。村"两委"班子要积极树立筹资意识,充分挖掘潜能,广开筹资渠道,提高筹资能力。第一,向上级政府积极争取供给资金。根据本村对农村公共产品的实际需求,积极制定申报方案,争取上级政府的转移支付资金和奖补资金。第二,积极向私人企业和富裕农户争取捐款。向私人企业负责人和富裕农户宣传公共产品供给的重要性及其捐款的示范意义,动员他们慷慨解囊,争取供给资金。第三,向普通农户筹资。向农户筹资要做好充分的论证,制定合理的筹资方案,搞好筹资政策的宣传解释工作,让农户明白所筹资金的具体用处和预期收益。只有这样,才能调动农户参与供给筹资的积极性。第四,积极争取金融机构贷款。积极向金融机构争取贷款的优惠政策,为农村公共产品供给提供资金支持。

四、推进农村人力资源的开发,为提升农户参与供给动力提供人力支持

农村公共产品供给涉及农村生产生活的各方面,供给农村公共产品除了需要以经济发展、政治民主和社会稳定为基础外,还必须有人才支撑。实现有效供给既需要经济、科技、交通和农村规划等专业性技术人才,又需要村委建设、文化建设和社会建设等公共领域管理人才。但当前我国多数农村地区这两类人才普遍欠缺,这严重影响到农村公共产品的供给决策、筹资、监督和管护等活动的开展,因而,推进农村人才资源开发与建设迫在眉睫。

(一)加快农村自身人力资源的开发

农村人力资源丰富,但目前开发力度普遍不够,造成人才浪费与人才不足并存的现象。从现实来看,农村公共产品供给所需的大量人才主要立足于自身开发,通过自身开发提升农户参与农村公共产品供给的能力。

1.通过"请进来"的方式对农户进行培训

可以聘请相关高校和研究院所的专家以及技术人员,依托农民学校、农技站、农村文化站和农村老年大学等组织培训班,通过专题讲座、技能实训、专家现场指导和发放资料等形式对农户进行免费培训,培训坚持农户生产技能传授和农户民主意识的培育并重,尤其注重提高农

户的参与供给能力,让其自觉参与到农村公共产品供给的决策、投资、监督和建成后的管护中去。

2. 通过"走出去"的方式对村干部进行培训

村干部是农村公共产品供给的主要组织者。他们组织农村供给农村公共产品的能力的高低,会直接影响到供给活动的开展。为此,可采取选送去县市级党校、农业类高等院校进修学习和组织去经济发达地区实地考察等方式培训村干部,使他们开阔眼界,掌握公共知识,提升组织农户供给农村公共产品的能力。

(二)留住农村发展所需要的农村精英

当前多数农村地区人才流失严重,尤其是许多农村精英和青壮年劳动力大量涌入城市,留守农村的多是老人和儿童。各级政府需要积极实施"人才支农"政策,鼓励农村精英人才回乡创业,发挥他们在农村公共产品供给中的作用。

1. 鼓励农村精英回乡创业,参与村内事务管理和公共产品供给

利用本村在外的成功人士在春节等传统节日回乡的机会,积极向他们宣传动员,以情感人,让他们认识到自己在发展本村经济,管理本村公共事务,参与本村公共产品供给中的重要作用。鼓励他们回乡创业,带领群众致富,发挥他们在村内事务管理和公共产品供给决策、筹资、监督和建成后管护中的作用。绝大多数农村精英都有恋乡情结和责任感,只要时机成熟,条件允许,他们是愿意回乡创业的。

2. 给予农村精英回乡创业的政策支持

农村精英回乡创业,需要资金、土地、厂房和相关水电路等基础设施的配套。各级政府和村委会应给予相应政策支持。具体来说,要帮助他们积极争取金融机构的贷款;为他们的企业减免税负;为他们积极争取用地指标;搞好厂房的水电路等配套设施建设;对企业招工进行宣

传等。各级政府和村委会要敢于充当这些企业的"保姆",为他们回乡创业铺平道路。

(三)建立和完善农村人才吸纳机制

在立足农村自身人力资源开发的同时,完善人才引进方式,积极从高校和社会上吸纳农村所需人才也是缓解农村公共产品供给所需人才不足的一种有效途径。

1.进一步完善大学生村官制度

(1)注重选拔涉农专业背景的毕业生

大学生村官直接面向农村,服务农村,涉农专业背景的毕业生更容易融入农村,扎根农村,了解村情,体察民情,掌握包括农村公共产品在内的农村公共需求。这有利于大学生村官面向实际,发挥自身特长,带领农户参与农村公共产品供给等农村事务,最大限度地满足农户的公共需求。

(2)提高大学生村官的工作和生活待遇

县乡两级政府要严格遵守中共中央组织部关于大学生村官工作的相关规定,确保大学生村官的工作和生活补贴比照本地乡镇新录用公务员试用期满后工资水平及时足额发放。同时,县乡两级政府要确保大学生村官按照当地对事业单位的规定,参加相应社会保险,将参加社会保险的相关费用纳入财政给予的工作和生活补贴范围内,使社会保险具有资金保障。

(3)建立起顺畅的大学生村官职业发展渠道

第一,加大公务员录用考试中面向大学生村官招录的职位比例,让表现优秀、能力强的大学生村官加入公务员队伍,从而调动优秀大学生担任村官的积极性。第二,通过定期组织面向大学生村官选拔乡镇政府工作人员的考试,为愿意继续留任的大学生村官提供晋升渠道,以扩宽其职业发展空间。第三,对考研的大学生村官,教育行政部门应加大加分录取力度等优惠政策。第四,为自主创业的大学生村官,提供更多的资金、技术和政策上的支持。第五,对于另行择业的大学生村官,政府应积极地为他们提供必要的就业服务和指导。

2. 加大柔性人才引进力度

针对农村公共产品供给中人才缺乏问题,可以本着"不为所有,但为所用"的原则,不定期聘请相关领域的专家和技术人员来村里进行指导,为农村公共产品供给出谋划策。

五、健全农户参与供给机制,为提升农户参与供给动力提供机制保障

(一)健全农户的利益表达机制[①]

在现行自上而下的农村公共产品供给决策机制下,上级政府及其部门通常是"为民作主",依照自己的价值取向和喜好为农户选择所需要供给的公共产品。[②] 这种局外人决策体制忽视了农民真实的需要和价值偏好,偏离了农村公共产品供给决策的农民需求导向,背离了维护或增进农民利益的供给目标,不可能满足农民的需要。要想改变这一格局,可以从以下方面努力。

1. 健全基层民主政治制度,保障体制内农民需求表达机制畅通

第一,强化基层人大代表维护农民利益的责任意识。在选举基层

---

① "健全农户的利益表达机制"这部分内容是本书作者与刘桂芝教授共同署名发表的《农户在农村公共产品供给中的角色差距与调适》一文的部分内容,现已征得刘桂芝教授的同意,将其作为本著作的一部分。具体参见:汪旭、刘桂芝:《农户在农村公共产品供给中的角色差距与调适》,《求实》2014年第8期,第85—86页。

② 张翠梅、高吉祥:《农村公共产品供给下的农民主体性缺失》,《理论研究》2011年第1期,第35页。

人大代表时,要把能否很好地代表农民的利益作为能否当选的重要标准。当选后,要注重加强基层人大代表与农民之间的联系,让人大代表多走进农民中,多倾听农民的现实需求,并及时把农民的现实需求传达给政府,影响政府有关供给的决策。同时,基层人大代表还应接受选民的监督,使他们始终不忘身上担负的责任。第二,要提高农民在县乡两级人大代表中的比例。目前,县乡人大代表多数由党政部门的领导担任,农民代表的比重较小。县乡人大代表是农民利益的直接维护者和代言人,农民代表比重过小不利于农民需求的表达,为此,要逐步提高农民在县乡两级人大代表中的比例。

2. 发展农村各类民间组织,提高农民组织化程度,增强农民的集体谈判力量

农民的分散性和自身的局限性使得在决策中缺少他们的声音。要提高农民在决策中的地位,则必须加强农民的利益表达与整合机制建设,而加强和完善农民的利益表达与整合机制的一个重要前提是发展农村各类民间组织,逐步提高农民组织化程度。能够代表农民利益、能与政府对话的农民协会等民间组织既可以培养农民的民主意识和农村合作人才,又有利于结成利益共同体,收集反映农民意愿的信息,表达和维护自己正当而合理的与农村公共产品供给有关的利益诉求。这样可以充分调动农民的自主性和创造性,开展与政府的对话,增强农户在供给中的谈判力量。

基于民间组织的现状,应从以下几个方面进一步发展民间组织:第一,放松对农村民间组织的过度限制,为农村民间组织的健康发展创造宽松的外部环境。近年来,我国农村民间组织有了较快发展,但多数农村民间组织在注册登记上存在障碍,尚未取得法人资格。因为现行的《社团登记管理条例》规定,社团的成立实行主管机关和登记机关双重实质性的审查。农户成立自己的组织必须找好挂靠机关,许多农村民

间组织因找不到合适的挂靠单位而无法进行注册登记。这样农村民间组织的合法权利难以得到有效保障,严重制约其健康发展。为此,各级政府应放松对其建立的过度限制。有必要适当降低对农村民间组织的业务主管单位审批要求,即登记部门认为某一农村民间组织的设立事关重大,确有必要征询相关部门意见时,才需农村民间组织的主管单位给出详细的设置意见。在其他情况下,可不需要主管单位审查。① 第二,从资金、政策和宣传等方面对农村民间组织给予扶持和引导。各级政府应设立用于资助农村民间组织的专项资金,用于加强农村民间组织的基础设施建设和制度建设。各地税务部门应对参与农村公共产品供给的农村民间组织给予相应比例的免税或减税,以吸引更多的合作组织参与进来。加大对农村民间组织的宣传,让更多的农户加入民间组织中去,提高农户的组织化程度。第三,在扶持农村民间组织发展的同时,也要对其加以有效监管,使农村民间组织在资金筹措、活动范围和活动目标等方面合法合规。②

3.优化"一事一议"决策制度,提高农户参与供给决策的效率

第一,通过宣传"一事一议"制度在农村事务管理中的作用,使得农户对"一事一议"制度的重要性有着较为清楚的认识,提高农户参与"一事一议"的参与率。第二,在不违背《村民一事一议筹资筹劳管理办法》的精神下,适度优化程序,探索委托表决的方式,提高决策效率。第三,优化"一事一议"决策的时间安排。针对很多村民外出打工,村民会议或者村民代表会议难以达到法定人数进行"一事一议"决策的情况,村"两委"班子可以提前谋划,精心准备,充分利用春节等传统节日回乡村民较多的有利时机,召开村民会议或者村民代表会议进行决

---

① 常敏:《农村民间组织发展与公共产品供给》,《农村经济》2007 年第 6 期,第 16 页。
② 陈占锋:《农村民间组织参与乡村治理的实证分析——基于某省两村的调研》,《行政管理改革》2013 年第 6 期,第 67 页。

策,以确保相关事项能通过"一事一议"进行决策。

(二)完善农户参与农村公共产品供给的筹资融资机制

1. 完善政府对农户参与供给的财政扶持机制

(1)完善财政奖补体制

财政奖补是政府对农村公共产品供给进行资金支持的一种重要形式,可在一定程度上解决农村公共产品供给资金不足的问题。农村公共产品供给的财政奖补要坚持民主决策,筹补结合原则。财政奖补应纳入国家和地方经济社会发展规划,确保财政奖补项目覆盖目前财政支农资金没有涉及和投入欠缺的村内道路、路灯、斗渠、桥涵、公共厕所、垃圾池和空闲地改造绿化等农村社区性公共产品供给,使财政奖补试点工作走向经常化、规范化和科学化的轨道,有效解决农村公共产品供给资金不足问题,调动农户参与供给的积极性。

(2)加大转移支付力度

第一,直接加大对村级的转移支付力度。村内基础设施类公共产品以村自筹为主进行供给,加大对村级的转移支付力度,可以保障有较为充足的资金进行村内基础设施类公共产品的建设。第二,加大对乡镇财政的转移支付力度,保障乡镇政府有较充足的收入来维持其日常运转,有效避免乡镇政府因财力不足,通过向农户变相收费或乱罚款等手段来筹集所需运转资金情况的发生。这从一定程度上减轻了农户的经济负担,使得农户有一定财力参与"一事一议"项目的筹资。第三,要加大对转移支付资金的管理力度,做到专款专用,严禁截留挪用。

2. 拓宽供给资金的融资渠道,提高农户融资能力

(1)获取更多金融机构的资金支持

第一,深化农村信用社改革,充分发挥其农村金融主力军的作用。按照"产权明晰、社员入股、民主管理、共担风险"原则,对现有农村信

用社进行彻底的股份制改造,发挥其支持农业和农村经济与社会发展的金融主力军作用,为农村公共产品供给的融资提供支持。第二,调整农业发展银行的职能定位,拓宽其业务范围和资金来源。通过发行金融债券和境外筹资等多渠道筹集资金,将农业发展银行办成真正面向"三农"的国家政策金融机构,为农户筹集农村公共产品供给资金而进行筹资融资提供有效途径。第三,加快中国农业银行的改革步伐,进一步明确农业银行支持农业和农村发展的市场定位,继续发挥其支持"三农"的作用。第四,加大商业银行的支农力度。中国人民银行可以出台具体办法,规定商业银行向农村基础设施建设和农业发展投放贷款的最低限额或比例,或要求商业银行将存款增长的一定比例用于购买农业政策金融债券,为农村公共产品供给提供资金支持。[①]

(2)获取更多的贷款贴息

在农村公共产品供给资金不足的情况下,可以通过向金融机构申请贷款来解决。但由于农村公共产品建成后,难以收回成本或收回成本慢,这使得贷款偿还慢,偿还能力弱,农户和农村基层组织难以通过大额贷款来筹集供给资金,为此,各级政府应加大对供给资金贷款贴息的力度,贴息的对象应包括农户用于购买农业生产机具、建设水利设施以及用于土地改良、造林、渔牧业等基础建设的贷款,以减轻贷款给农户和农村基层组织带来的经济负担,为农村公共产品供给提供财力支持。[②]

3. 完善"一事一议"的筹资制度,规范农户的筹资行为

(1)严格"一事一议"的筹资范围

在认真遵循《村民一事一议筹资筹劳管理办法》基础上,严格"一事一议"的筹资范围,杜绝借"一事一议"之机,把村务管理和村干部补

---

① 程又中:《外国农村公共服务研究》,中国社会科学出版社 2011 年版,第 155 页。

② 邓娇:《农村公共产品多元供给主体的政府激励研究》,2008 年电子科技大学硕士学位论文,第 38 页。

贴等管理性支出纳入"一事一议"范围,做到不加重农户的经济负担。

(2)建立农户筹资上限标准的动态调整机制

农户在"一事一议"中的筹资上限标准应根据各市县农民人均收入增长情况和农村公共产品需求情况进行动态调整。各市县的筹资上限标准要经省级政府批准和审核才能实施,以确保筹资的规范性,避免加重农户的负担。同时,还应制定一些辅助性标准,重点解决一些需要变通的问题,如对筹资确有困难的农户,经农户申请,可以以工折资或以物折资。①

(三)完善农户参与农村公共产品供给的监督机制②

1. 提高农户监督意识

农户监督意识的有无和高低直接影响农户参与供给监督动力的发挥。为此,向农户宣传参与农村公共产品供给监督的重要性,让农户认识到参与供给监督既是一种权利,也是一种义务,可以有效动员农户参与到供给监督中去。

2. 制定和完善保障农户参与监督的法律法规

为了有效地保障农户全方位和全过程地对农村公共产品供给实行科学管理和监督,必须完善相应的法律法规,明确农户实施监督的重要主体地位,使农户参与监督具有合法依据。同时,还应明确农户监督权受损的救济渠道,使农户监督权能长期、顺利、合法地得到行使。

3. 强化村务监督委员会的供给监督作用

村务监督委员会是村级事务的最主要监督者。针对农村公共产品

---

① 汪旭、刘桂芝:《农户在农村公共产品供给中的角色差距与调适》,《求实》2014年第8期,第86页。

② "完善农户参与农村公共产品供给的监督机制"这部分内容是本书作者与刘桂芝教授共同署名发表的《农户在农村公共产品供给中的角色差距与调适》一文的部分内容,现已征得刘桂芝教授的同意,将其作为本著作的一部分。具体参见:汪旭、刘桂芝:《农户在农村公共产品供给中的角色差距与调适》,《求实》2014年第8期,第87页。

供给,村务监督委员会要发挥在供给资金使用和供给质量监督上的作用。第一,在村务监督委员会领导下成立理财小组,对供给资金进行监督。一方面,理财小组要监督筹集来的资金是否单独设立账户、单独核算、专款专用。另一方面,理财小组要监督供给资金收支情况,集体评审财务单据,定期向广大农户公布收支账目,接受农户的监督,增加公共资金使用的透明度。

第二,在村务监督委员会领导下成立有广泛代表性的供给质量监督小组。供给质量监督小组主要负责监督农村公共产品供给质量。在项目实施中,主要监督有无偷工减料或以次充好现象;有无施工遗漏。在项目完成后,评估有没有达到预期目标,建成后的设施能否正常使用等。在供给监督的整个过程中,供给质量监督小组有对农村公共产品供给方进行质询的权利。为了更好地发挥供给质量监督小组作用,一方面,要给予质量监督小组成员一定的误工补助,弥补他们因参与供给监督而形成的机会成本,来提高他们参与监督工作的积极性。另一方面,让本村中对供给工程熟悉的农户参与到质量监督小组中去,加强监督效果。

4.建立健全群众供给监督机制

群众最接近农村公共产品,也较容易发现农村公共产品供给中存在的问题,因而,发挥群众监督供给作用是可行的。具体来说,可通过设立举报箱、举报电话和网络监督网站等,为群众监督提供平台,发挥群众的供给监督作用,有关部门对群众反映和举报的问题应及时调查处理。

(四)优化农户参与农村公共产品供给的激励机制

1.完善经济激励机制

(1)优化税收激励机制

第一,扩大捐赠资金享受税收优惠的范围。政府应从鼓励捐赠用于农村公共产品供给的实际出发,不断扩大捐赠资金享受税收优惠的范围。农民企业家把自己企业的一部分利润捐赠用于农村公共产品供给时,应确保所有捐赠用于农村公共产品供给的资金都纳入税收优惠范围,调动他们参与捐赠的积极性。第二,当前我国法律中还没有关于捐赠用于公益事业的物资可享受所得税优惠的规定,针对这一情况,政府应及时修改相关法律法规,规定在对捐赠物资进行合理估价的基础上,可对实物捐赠给予一定的税收优惠。这样可以进一步调动农民企业家或富裕农户捐赠农村公共产品供给所需实物的积极性。

(2)实施产权激励机制

现代产权经济学创始人、美国著名经济学家阿曼·阿尔钦认为:"产权是通过一种社会强制而实现的对某种经济物品的多种用途进行选择的权利。"①明晰的产权能使产权所有者对产权有良好的预期,能激励产权所有者积极争取和维护个人最大利益,这有助于降低交易成本,实现资源的优化配置。但是,产权是一种强制性的制度安排,除政府之外的其他主体都无法对其进行界定。如果政府没有界定好私人提供者对公共产品的产权,则无法保障私人从供给中获取一定的收益,这使得私人难有提供农村公共产品的积极性。② 为此,政府必须进行相关制度安排,明晰集体与私人产权的界限,负责界定好私人对自己提供的农村公共产品的产权,并且切实维护好私人产权,保障投资者的正当权益,帮助供给者规避供给风险。③ 这既是保障已建成的农村公共产品持续运转的基本措施,更是有效提升私人参与农村公共产品供给动力的重要措施。④

① [英]N.约翰·伊特韦尔等:《新帕尔格雷夫经济学大词典》,陈岱孙译,经济科学出版社1996年版,第101页。
② 邱小健、李自茂:《公共产品私人供给与政府治理结构的转型》,《赣南师范学院学报》2009年第2期,第96—97页。
③ 黄恒学:《公共经济学》,北京大学出版社2005年版,第30页。
④ 黄永新:《农村社区公共产品的农民自主治理——基于行为认同与合作组织的视角》,西南财经大学出版社2017年版,第106页。

在具体的农村公共产品供给实践中,可根据不同公共产品的性质差异,采取不同的产权激励措施。第一,对于一些收益范围明确,接近于私人产品的项目,如农村沼气、基本农田和小型灌溉设备等供给,可在政府对其进行投资补助的基础上,农户实行"自建、自用、自管",项目建成后所形成的产权归农户所有。第二,对一些受益人口较分散、产权难以分割的工程,如供水工程和节水灌溉工程等供给,可以在明晰工程所有权的前提下,通过承包、租赁和合作等方式,将所有权与经营权分离,使经营权与工程管护责任相统一,实现"谁经营、谁管护"。[1] 例如,近年来,鲁东 A 村利用集体资金修建了大约 200 亩的水库 1 座,水渠 5 公里,这些水利设施的产权归村集体所有,但该村利用水利设施的其他功能所产生的经济效益来吸引农户参与水利设施的管护。该村通过签订协议将水库免费提供给村内几位农户养鱼,但要求他们负责对水渠和排灌设施的日常管护,这有效地解决了水利设施的管护问题。其他村庄可以借鉴这种做法,来提高农村公共产品的供给效果。第三,对于一些具有一定收益、适合经营的基础设施,如农村水电工程和统一供水工程等供给,可由出资者出资修建,获得工程的所有权和经营权,并负责工程的管护,主管部门对其监督,使用者付费获得该工程的使用权。[2] 例如,鲁西 M 村村民长期饮用地下水,水质过硬,水质不达标。2008 年,该村召开村民代表会议,动议筹资修建本村自来水工程,工程预算约 110 万元,但由于上级政府给予自来水工程的补贴较少,每户要平均出资 2000 元,多数农户认为出资数额过大,不愿出资。最终,经村委会联系,由本村一位农民企业家负责出资建设自来水工程,并负责建

---

① 于水、曲福田:《我国农村公共产品供给机制创新——基于江苏省苏南苏北地区的调查》,《南京农业大学学报》(社会科学版)2007 年第 2 期,第 10 页。

② 于水:《乡村治理与农村公共产品供给》,社会科学文献出版社 2008 年版,第 371—372 页。

成后的运营和管护,农户通过缴纳水费,获得自来水工程的使用权,这位农民企业家通过收取高于供水成本的水费,从中获利。这有效地解决了该村自来水工程因资金短缺而无法供给的问题。其他村庄可以加以借鉴。

2. 健全声誉激励机制

在农村社会中,人与人之间交往比较密切,村民比较注重面子和个人声誉,因而,可以在农村公共产品供给中发挥声誉激励的作用。

(1)及时公开农户筹资情况

通过村广播站、村务信息公开栏,有条件的村庄还可以通过网络等形式及时公开农户筹集供给资金情况,使全村村民知晓其他村民的筹资情况,这既可以做到资金筹集的公开透明,还可以使得一些富裕村民基于个人声誉和面子考虑,向筹集资金较多的村民看齐,增加供给筹资的金额。

(2)颁发奖状和旌旗

对带头提供资金且数额较大的富裕农户,可以颁发奖状,授予"捐赠先进户"和"可敬村民"等称号,还可以颁发"修路架桥,功德无量"和"捐资办学,造福后代"等旌旗,使出资农户获得精神上奖励。

(3)立碑树名

对村内道路、桥梁和水利灌溉等基础设施类工程建设提供大额资金的农户,可以在这些工程设施旁树立功德碑,赞颂他们的功德,让其留名于后世,使这些农户感到受尊重。

3. 强化负激励机制

(1)通过道德习俗约束,实现负激励

村庄是一个熟人社会或半熟人社会,在做事时,村民首先想到的是顾及个人和家庭成员的"脸面",道德习俗对村民行为有很强的约束力。为此,可以通过道德负激励,来促成村民进行合作供给。通过村规民俗和舆论的力量逐渐将不合作者边缘化,使不合作者及其家人被本村的其他村民所排斥和孤立,觉得在其他村民面前没有"脸面",在日后的生活中抬不起头,迫使不合作者尽快改变想法,加入合作中去。同时,对不合作者的边缘化也对村里的其他合作村民起着警示作用,使其他村民从不合作者所受的惩罚中感受到传统力量的震慑而不敢违规。通过边缘化那些不合作者,既可以促使不合作者尽快加入合作队伍,又有助于愿意合作的村民达成更稳定的合作。①

(2)从降低收益的角度,实施负激励

通过措施,使那些不合作者在农村公共产品供给中的收益降低,让其意识到不合作,会在以后的供给中,造成更大的利益损失,从而促使他们不得不合作。

---

① 庞娟:《博弈视角下农村社区公共品自愿供给的激励机制研究》,《学术论坛》2010年第5期,第108页。

结　　论

　　农户是农村社会的主人、农村建设的主力军和农村未来的希望。农户渴望农村的发展、农业的进步和自身生活水平的改善,而实现农村发展、农业进步和农户生活水平改善的一个重要前提是农村公共产品的有效供给。由于农户是农村公共产品的直接使用者,对最需要供给什么样的农村公共产品最有话语权,同时,农户生活在农村,也便于参与供给的监督与管护,因而,农户理应在农村公共产品供给中发挥重要的作用。但在我国现行的农村公共产品供给体制下,农户在供给中却扮演着决策被动接受者和旁观者、成本重要承担者、不力监督者和消极管护者的角色,农户在供给中的应有地位和作用没有得到足够重视,其参与供给的动力不足。缺少农户积极有效的参与必然会影响供给决策的民主化,导致供给监督和建成后管护不力。这在很大程度上制约供给效率的提高,影响农村公共产品的有效供给。因而,调动农户参与供给的动力,对实现农村公共产品的有效供给具有重要意义。为更深入地了解和把握农户参与农村公共产品供给动力现状,作者对山东省七市的部分农户参与农村公共产品供给动力情况进行了调研。在调研基础上,作者对农户参与供给动力现状、农户参与供给动力不足的原因以及提升农户参与供给动力的措施等方面提出自己的一些观点。

　　第一,当前农户参与农村公共产品供给具有乐观的一面,即具有一定的潜在动力。当前农户在参与农村公共产品供给时,有体现农户真实需求意愿、提升农户需求满意度、满足农户对公共产品供给需求多样化和优质化、满足农户追逐利益和提升农户民主意识等方面的驱动力;有实现供给决策民主化、拓宽供给筹资渠道、加强供给资金监管和实现建成后农村公共产品有效管护等方面的内促力;农户整体收入不断提高、农户参与意识不断增强、村民自治制度的建立、农业税的免除及一系列惠农政策的出台等为参与供给提供了支持力;新农村建设目标、实现城乡一体化目标和农村经济发展为农户参与供给提供外推力。这些潜在动力使他们参与农村公共产品供给成为可能,但对不同地区和不同农户来说,这种潜在动力存在较大差别。

第二,当前农户参与农村公共产品供给存在不利的一面,即参与动力远远不足。在驱动力上,农户机会主义倾向仍旧存在,集体行动经常受阻;农户需求的差异性使得供给难以满足所有农户,制约了部分农户参与供给的动力发挥;参与农村公共产品获利的困难性,使得富裕农户难有独自进行供给的动力;不少农户不以农业为主要收入且长期不居住在农村,对供给活动不热心;在供给中农户的话语权缺失,自主性不足。在内促力上,参与供给决策、筹资和监督等渠道还不够畅通,激励农户管护的措施还不够有力。在支持力上,农户参与供给的财政支持、智力支持和技术支持不足,保障参与供给的制度和政策不健全,可持续性差。在外推力上,新农村建设的长期性和艰巨性以及长期存在的城乡二元供给体制难以推动农户参与供给,农村经济发展不平衡与农户间收入差距大也制约了农户参与供给的积极性。农户参与农村公共产品供给的驱动力、内促力、支持力和外推力等方面的不足,严重制约了农户参与供给的行动,进而影响到农村公共产品供给的效果。

第三,农户参与农村公共产品供给动力不足涉及理念、财力、组织、人力和机制等方面原因。政府长期以来对农户参与供给权利的漠视和农户"搭便车"思想的长期存在从思想上影响农户参与供给;农户用于农村公共产品供给资金的有限性使得农户参与供给的财力有限;基层群众自治组织组织供给能力不足使农户参与供给缺少组织保障;普通农户供给能力有限与农村人才的缺乏使得农户参与供给缺少人才支持;农户参与农村公共产品供给的决策、筹资和监督等机制不健全,使得农户参与供给的渠道不畅。这些动力不足原因的存在严重制约了农户参与供给的积极性。

第四,我国政府提升农户参与农村公共产品供给动力有必要借鉴外国经验。通过对印度、韩国、日本、美国和法国等国农户参与农村公共产品供给情况的了解,可知国外政府在提升农户参与供给动力方面已形成一系列经验,包括以农户需求为导向,使农户拥有畅通的需求表达机制;尊重农户的主体地位,建立农户全面参与的供给决策机制;通过经济激励手段,调动农户参与供给的积极性;重视农村社区建设,注重发挥农村社区组织农户参与供给的作用;推动农业合作组织的发展,发挥其在组织农户参与供给中的载体作用等。这些经验可以为我国政府提供很好的参考和借鉴。

第五,提升农户参与农村公共产品供给动力需要从转变思想、增强财力、培育人才、健全制度和完善机制等多方面着手。具体来说,供给理念是供给行动的先导。只有先进的供给理念,才会引导正确有效的供给行动,因而,首先,要转变供给理念,为农户参与农村公共产品供给提供思想动力。即要在明确政府供给主体性理念的同时,还应树立政府与农户间合作供给理念。其次,通过增强农户的经济实力,为其参与农村公共产品供给提供财力支持。通过发展农村经济,使农户在经济发展中得到实惠,提高了收入水平,那么,他们在参与供给筹资上积极性会高。再次,通过推进农村人力资源的开发,为农户参与供给提供智力支持。在当前农村组织和参与供给人员能力普遍不高的情况下,一方面,要加大农村优秀人才的吸纳力度,另一方面,要注重对本村精英组织供给能力和普通农户参与供给能力的培养。再次,完善村民自治制度建设,提高农村社区治理水平,可以为农户参与供给提供组织支持。具体来说,要完善村民自治制度的相关法律法规,提升村民自治制度的民主化水平。最后,健全农户参与农村公共产品供给机制,可以为提升其供给动力提供有效的机制保障。农户能参与自下而上的供给决策,通过"一事一议"进行供给筹资,可以有效地进行供给监督,则必将调动他们参与供给的动力。

农户是农村公共产品供给的消费者和受益者,同时,也应是参与者。农户参与供给具有其他供给主体无可比拟的优势,调动他们参与供给可以很好地提高供给效率。通过调查问卷分析表明,农户在相关政策的激励和相关组织的引导下,可以激发其参与农村公共产品供给的动力。因而,我们必须高度重视农户参与供给的重要性,千方百计调动其参与供给的动力,以进一步提高农村公共产品的供给效率。

参考文献

一、著作类

1.《马克思恩格斯全集》第 1 卷,人民出版社 1956 年版。

2.《毛泽东文集》第 6、7 卷,人民出版社 1999 年版。

3.《邓小平文选》第 3 卷,人民出版社 1993 年版。

4. 薄一波:《若干重大决策与事件的回顾》(下),中共中央党校出版社 1993 年版。

5.《十五大以来重要文献选编》(上册),中央文献出版社 2000 年版。

6.《十六大以来重要文献选编》,中央文献出版社 2008 年版。

7.《十七大以来重要文献选编》,中央文献出版社 2011 年版。

8. P. A. Samuelson. *Pure Theory of Public Expenditure and Taxation*. New York:St.Martin's Press,1969.

9. E. Ostrom. *Governing the Commons:The Evolution of Institutions for Collective Action*.New York:Cambridge University Press,1990.

10. James Estell. *The Nonprofit Sector:A Research Handbook*. New Haven:Yale University Press,1987.

11. Lester M.Salmon and Helmut K.Anheier.*The Emerging Nonprofit Sector- An Overview*.Manchester:Manchester University Press,1996.

12. L. M. Salmon.*Partners in Pubic Service:The Scope and Theory of*

Government—Nonprofit Relations.New Haven：Yale University Press，1987.

13. B.Gidron，R.Kramer，L.M.Salmon.*Government and the Third Sector*. San Francisco：Jossey Bass Publishers，1992.

14. D.H.Perkins and S.Yusuf.*Rural Development in China*.Baltimore：Johns Hopkins University Press，1984.

15.［美］斯蒂格利茨：《经济学》上册，高鸿业等校译，中国人民大学出版社1997年版。

16.［美］N.曼昆：《经济学原理》上册，梁小民译，机械工业出版社2003年版。

17.［美］R.登哈特：《公共组织理论》，扶松茂、丁力译，中国人民大学出版社2011年版。

18.［美］曼瑟尔·奥尔森：《集体行动的逻辑》，陈郁等译，上海人民出版社1995年版。

19.［英］安东尼·阿特金森等：《公共经济学》，蔡江南等译，上海三联书店1992年版。

20.［美］乔治·恩德勒：《面向行动的经济伦理学》，高国希、吴新文等译，上海社会科学院出版社2002年版。

21.［美］乔·B.史蒂文斯：《集体选择经济学》，杨晓维译，上海三联书店、上海人民出版社2003年版。

22.［美］埃莉诺·奥斯特罗姆：《公共事物的治理之道》，余逊达、陈旭东译，上海三联书店2000年版。

23.［美］詹姆斯·M.布坎南：《公共物品的需求与供给》，马珺译，上海人民出版社2009年版。

24.［美］迈克尔·麦金尼斯主编：《多中心体制与地方公共经济》，毛寿龙等译，上海三联书店2000年版。

25.［美］詹姆斯·M.布坎南：《自由、市场与国家》，吴良健、桑伍、曾获译,北京经济学院出版社 1988 年版。

26. [美]E.S.萨瓦斯:《民营化与公私部门的伙伴关系》,周志忍等译,中国人民大学出版社 2002 年版。

27. [美]鲍德威、威迪逊:《公共部门经济学》,邓力平译,中国人民大学出版社 2000 年版。

28. [新西兰]穆雷·霍恩:《公共管理的政治经济学》,汤大华、颜君烈译,中国青年出版社 2004 年版。

29. [英]哈耶克:《法律、立法与自由》第二、三卷,邓正来等译,中国大百科全书出版社 2000 年版。

30. [英]丹尼斯·C.缪勒:《公共选择理论》,杨学春等译,中国社会科学出版社 1999 年版。

31. [美]弗里德利克森:《公共行政的精神》,张成福等译,中国人民大学出版社 2004 年版。

32. [美]奥斯特罗姆、帕克斯和惠特克:《公共服务的制度建构》,毛寿龙等译,上海三联书店 2000 年版。

33. [美]埃莉诺·奥斯特罗姆等:《制度激励与可持续发展》,毛寿龙等译,上海三联书店 2000 年版。

34. [美]詹姆斯·M.布坎南、戈登·塔洛克:《同意的计算——立宪民主的逻辑基础》,陈光金译,中国社会科学出版社 2000 年版。

35. [美]詹姆斯·N.罗西瑙:《没有政府的治理》,张胜军、刘小林等译,江西人民出版社 2001 年版。

36. [英]罗伯特·D.帕特南:《使民主运转起来》,王列、赖海榕译,江西人民出版社 2001 年版。

37. [美]F.福山:《信任:社会美德与创造经济繁荣》,彭志华译,海南出版社 2001 年版。

38. [英]N.约翰·伊特韦尔等:《新帕尔格雷夫经济学大词典》,经济科学出版社 1996 年版。

39. [美]珍妮特·登哈特:《新公共服务:服务而不是掌舵》,丁煌译,中国人民大学出版社 2002 年版。

40. 姚本先:《心理学》,高等教育出版社 2005 年版。

41. 黄恒学:《公共经济学》,北京大学出版社 2005 年版。

42. 何增科:《公民协会与第三部门》,社会科学文献出版社 2000年版。

43. 俞可平:《治理与善治》,社会科学文献出版社 2001 年版。

44. 于建嵘:《岳村政治》,商务印书馆 2001 年版。

45. 徐勇:《中国农村村民自治》,华中师范大学出版社 1997 年版。

46. 徐勇:《乡村治理与中国政治》,中国社会科学出版社 2003年版。

47. 徐勇、徐增阳:《乡土民主的成长——村民自治 20 年研究集萃》,华中师范大学出版社 2007 年版。

48. 程又中:《外国农村公共服务研究》,中国社会科学出版社 2011年版。

49. 潘嘉伟、周贤日:《村民自治与行政权的冲突》,中国人民大学出版社 2004 年版。

50. 徐小青:《中国农村公共服务》,中国发展出版社 2002 年版。

51. 赵春江、李江:《新农村建设中公共产品供给问题研究》,中国物资出版社 2011 年版。

52. 睢党臣:《农村公共产品供给结构研究》,中国社会科学出版社 2009 年版。

53. 樊丽明:《中国公共物品市场与自愿供给的分析》,上海人民出版社 2005 年版。

54. 王建廷:《区域经济发展动力与动力机制》,上海人民出版社

2007 年版。

55. 徐大同:《西方政治思想史》,天津教育出版社 2002 年版。

56. 风笑天:《社会学研究方法》,中国人民大学出版社 2001 年版。

57. 刘熙瑞:《中国公共管理》,中共中央党校出版社 2004 年版。

58. 李军鹏:《公共服务学》,国家行政学院出版社 2007 年版。

59. 陶勇:《农村公共产品供给与农民负担》,上海财经大学出版社 2005 年版。

60. 席恒:《利益、权力与责任:公共物品供给机制研究》,中国社会科学出版社 2006 年版。

61. 李燕凌:《农村公共产品供给效率论》,中国社会科学出版社 2007 年版。

62. 于水:《乡村治理与农村公共产品供给》,社会科学文献出版社 2008 年版。

63. 李燕:《政府公共服务提供机制构建研究》,中国财政经济出版社 2008 年版。

64. 周义程:《公共产品民主供给模式的理论建构》,中国社会科学出版社 2009 年版。

65. 靳永翥:《公共服务提供机制》,社会科学文献出版社 2009 年版。

66. 杨静:《统筹城乡中农村公共产品供给:理论与实证分析》,经济科学出版社 2008 年版。

67. 刘文勇:《新农村公共产品有效供给研究》,黑龙江大学出版社 2010 年版。

68. 陈干全:《公共服务民营化及其政府管理研究》,安徽大学出版社 2008 年版。

69. 樊继达:《统筹城乡发展中的基本公共服务均等化》,中国财政经济出版社 2008 年版。

70. 句华:《公共服务中的市场机制理论、方式与技术》,北京大学出版社 2008 年版。

71. 任强:《公共服务均等化问题研究》,经济科学出版社 2009 年版。

72. 王谦:《城乡公共服务均等化研究》,山东人民出版社 2009 年版。

73. 刘厚金:《我国政府转型中的公共服务》,中央编译出版社 2008 年版。

74. 李伟:《我国基本公共服务均等化研究》,经济科学出版社 2010 年版。

75. 吴伟:《公共物品有效提供的经济学分析》,经济科学出版社 2008 年版。

76. 赵春江、李江:《新农村建设中公共产品供给问题研究》,中国物资出版社 2011 年版。

77. 鄢奋:《农村公共产品供给的问题与对策》,社会科学文献出版社 2011 年版。

78. 黄晓东:《社会资本与政府治理》,社会科学文献出版社 2011 年版。

79. 徐小青:《中国农村公共服务改革与发展》,人民出版社 2008 年版。

80. 曲延春:《变迁与重构:中国农村公共产品供给体制研究》,人民出版社 2012 年版。

81. 黄健荣等:《公共管理新论》,社会科学文献出版社 2005 年版。

82. 石义霞:《中国农村公共产品供给制度研究》,中国财政经济出版社 2011 年版。

83. 赵海燕:《基于需求的农村公共产品供给体制研究》,中国农业出版社 2013 年版。

84. 中国社会科学院农村发展研究所:《聚焦"三农"——中国农村发展研究报告 NO.5》,社会科学文献出版社 2006 年版。

85. 何平均:《中国农业基础设施供给效率研究》,经济科学出版社 2012 年版。

86. 陈晓莉:《新时期乡村治理主体及其行为关系研究》,中国社会科学出版社 2012 年版。

87. 祁勇、赵德兴:《中国乡村治理模式研究》,山东人民出版社 2014 年版。

88. 于大水、王景迁、周洪江:《村民素质教育:乡村治理的基石》,人民出版社 2014 年版。

89. 杨嵘均:《乡村治理结构调适与转型》,南京师范大学出版社 2014 年版。

90. 赵树凯:《农民的政治》,商务印书馆 2011 年版。

91. 赖海榕:《乡村治理的国际比较》,吉林人民出版社 2006 年版。

92. 中国改革发展研究院:《中国新农村建设:乡村治理与乡镇政府改革》,中国经济出版社 2006 年版。

93. 权丽华:《国家治理能力现代化背景下的乡村治理研究》,光明日报出版社 2016 年版。

94. 薛金礼:《基层社会治理新常态下乡镇政府职能转变研究:以华北石镇为例》,中国社会科学出版社 2016 年版。

95. 吴艳:《乡镇机构改革的表达与实践》,云南人民出版社 2015 年版。

96. 贾晋:《乡镇政府经济职能与乡镇债务研究》,西南财经大学出版社 2014 年版。

97. 钟晓敏、叶宁:《中国地方财政体制改革研究》,中国财政经济出版社 2010 年版。

98. 阎占定:《新型农民合作经济组织参与乡村治理研究》,世界图书出版公司 2013 年版。

99. 阳信生:《乡镇体制改革与现代乡村社会重建研究》,光明日报出版社 2014 年版。

100. 王艳成:《城镇化进程中乡镇政府职能研究》,人民出版社 2010 年版。

101. 彭健:《地方财政理论架构与体制优化》,中国社会科学出版社 2010 年版。

102. 黄永新:《农村社区公共产品的农民自主治理——基于行为认同与合作组织的视角》,西南财经大学出版社 2017 年版。

103. 朱艳菊:《马克思主义的政府价值理论研究》,中国社会科学出版社 2018 年版。

二、工具书类

1.《中国经济年鉴 2012》,中国经济出版社 2013 年版。

2.《中国农村统计年鉴(2012)》,中国统计出版社 2013 年版。

3.《中国农村统计年鉴(2013)》,中国统计出版社 2014 年版。

4.《2013 年全国水利发展统计公报》,中国水利水电出版社 2014 年版。

5.《山东统计年鉴-2013》,中国统计出版社 2014 年版。

三、期刊报纸类

1. M.Bilodeau and Slivinskirenwei. "Rival Charities". *Journal of Public Economics* ,1997,66(3).

2. H. Hansmann. "The Role of Nonprofit Enterprise". *Yale Law Journal*, 1980, 89(5).

3. J. M. Buchanan. "An Economic Theory of Clubs". *Economica, New Series*, 1965, 32(125).

4. H. Demsetz. "Full Access the Private Production of Public Goods". *Journal of Law and Economics*, 1970, 13(2).

5. R. H. Coase. "The Light House in Economics". *Journal of Law and Economics*, 1974, 17(2).

6. E. R. Brubaker. "Free Ride, Free Revelation, or Golden Rule?". *Journal of Law and Economics*, 1975, 18(1).

7. Bruce R. Bolnick. "Collective Goods Provision Through Community Development". *Economic Development and Cultural Change*, 1976, 25(1).

8. Robert J. Aumann, Kurz, Mordecai and Neyman, Abraham. *Voting for Public Goods. Review of Economic Studies*, 1983, 50(4).

9. Daniel L. Rubinfeld, Perry Shapiro, Judith Roberts. Tibet Bias and the Demand for Local Public Schooling, *Review of Economics and Statistics*, 1987, 69(3).

10. Dennis R. Young, "Alternative Models of Government – nonprofit Sector Relations: Theoretical and International Perspective". *Nonprofit and Voluntary Sector Quarterly*, 2000, 29(1).

11. Nee Victor and Frank W. Young. "Peasant Entrepreneurs in China's "Second Economy": An Institutional Analysis". *Economic Development and Cultural Change*, 1990, 39(2).

12. Charles M. Tiebout. "A Pure Theory of Local Expenditures". *The Journal of Political Economy*, 1956, 64(5).

13. P. A. Samuelson. "The Pure Theory of Public Expenditure". *Review*

of Economics and Statistics, 1954, 36(4).

14. J. M. Buchanan. "An Economic Theory of Clubs". *Economica*, *New Series*, 1965, 32(125).

15. M. Bagnoli, B. L. Limpman. "Provision of Public Goods: Fully Implementing the Core through Private Contributions". *Review of Economic*, 1989, Studies56.

16. M. Bagnoli, M. McKee. "Voluntary Contribution Goods: Efficient Private Provision of Public Goods", *Economic Inquiry*, 1991, 29.

17. Jeffrey S. Banks, Charles R. Plott and David P. Porter. "An Experimental Analysis of Unanimity in Public Provision Mechanisms". *The Review of Economic Studies* 1988, 55(2).

18. V. V. Chari, L. E. Jones. "A Reconsideration of the Problem of Social Cost: Free Riders and Monopolists". *Econmic Theory*, 2002, 16(1).

19. Dennis Epple and Richard Romano. "Collective Choice and Voluntary Provision of Public Goods". *International Economic Review*, 2000, 44(2).

20. C. Keser, F. V. Winden. Conditional Cooperation and Voluntary Contributions to Public Goods, *Scandinavian Journal of Economics*, 2000, 102(1).

21. S. Nitzan, R. E. Romano. Private Provision of a Discrete Public Good with Uncertain Cost, *Journal of Public Economics*, 1990, 42.

22. Pirttila, Jukka, Tuomala, Matti. Publicly Provided Goods and Redistribution: A General Equilibrium Analysis, *Scandinavian Journal of Economics*, 2002. 104(1).

23. E. B. Sharp, Citizen–Initiated Contacting of Government Officials and Socioeconomic Status: Determining the Relationship and Accounting for

It，*The American Political Science Review*，1982，76（1）.

24. J. C. Thomas，G. Streib. The New Face of Government：Citizen - Initiated Contacts in the Era of E - Government，*Journal of Public Administration Research and Theory*，2003，13（1）.

25. John James Kennedy，From the Tax - for - fee Reform to the Abolition of Agricultural Taxes：The Impact on Township Governments in North-west China，*The China Quarterly*，2007，189.

26. Linda Chelan Li，Working for the Peasants? Strategic Interactions and Unintended Consequences in Chinese Rural Tax Reform，*The China Journal*，2007，57.

27. Tony Bovaird，Evaluating the Quality of Local Governance：Some Lessons from European Experience，*Local Governace*，2004，30（4）.

28. Falking J，Fehr E，Gachter S，et al. A Simple Mechanism for the Efficient Provision of Public Goods：Experimental Evidence，*The American Economic Review*，2000，90（1）.

29. Tsai L L.Solidary Groups，Informal Accountability and Local Public Goods Provision in Rural China，*American Political Science Review*，2007，101（2）.

30. Seabright P. Managing Local Commons：Theoretical Issues in Incentive Design，*Journal of Economic Perspectives*，1993，7（7）.

31. 林良章：《关于赫尔驱力还原学习理论与勒温场学习理论动机问题之比较》，《福建师大福清分校学报》1992 年第 3 期。

32. 曹文彪：《人、内驱力、抵制与知识的等级——舍勒知识社会学的理论建构及其他》，《中共浙江省委党校学报》2006 年第 5 期。

33. 林万贵：《试论克恩伯格对客体关系、情感和驱力理论的新整合观》，《南京师大学报》（社会科学版）2006 年第 5 期。

34. 唐子畏:《行为驱力说》,《长沙水电师院社会科学学报》1996年第2期。

35. 郝英奇、刘金兰:《动力机制研究的理论基础与发展趋势》,《暨南学报》(哲学社会科学版)2006年第6期。

36. 张蕾:《创新驱动:马克思主义社会发展动力理论的新阶段》,《东北大学学报》(社会科学版)2014年第4期。

37. 黄鹏进:《农民的行动逻辑:社会理性抑或经济理性——关于"小农理性"争议的回顾与评析》,《社会科学论坛》2008年第8期。

38. 蔡绍洪、向秋兰:《奥斯特罗姆自主治理理论的主要思想及实践意义》,《贵州财经学院学报》2010年第5期。

39. 汪崇金:《公共资源自主治理二元性的博弈分析——对奥斯特罗姆原则的再认识》,《山东财政学院学报》2010年第5期。

40. 樊晓娇:《自主治理与制度分析理论的进化——埃莉诺·奥斯特罗姆学术思想发展的逻辑轨迹》,《电子科技大学学报》(社科版)2012年第1期。

41. 商庆军:《政府治理理论与实践的新发展》,《华东经济管理》2007年第2期。

42. 单鑫:《地方治理兴起的动力体系研究——中西方的比较》,《宁夏党校学报》2009年第1期。

43. 黎炳盛:《村民自治下中国农村公共产品的供给问题》,《开放时代》2001年第3期。

44. 熊巍:《我国农村公共产品供给分析与模式选择》,《中国农业经济》2002年第7期。

45. 何菊芳、何秋仙:《构建农村公共产品供给的新体制》,《浙江学刊》2004年第3期。

46. 海曙光:《农村公共产品供给困境分析》,《理论前沿》2009年第 1 期。

　　47. 楚永生:《农村公共物品供给视角》,《求索》2004 年第 6 期。

　　48. 陈俊星、田树红:《论我国农村公共管理体制的改革与创新》,《福建经济管理干部学院学报》2004 年第 2 期。

　　49. 刘炯、王芳:《多中心体制:解决农村公共产品供给困境的合理选择》,《农村经济》2005 年第 1 期。

　　50. 黄志冲:《农村公共产品供给机制创新研究》,《现代经济探讨》2000 年第 10 期。

　　51. 刘鸿渊:《农村税费改革与农村公共产品供给机制》,《求实》2004 年第 2 期。

　　52. 贾康、孙洁:《农村公共产品与服务提供机制的研究》,《管理世界》2006 年第 12 期。

　　53. 王爱学、赵定涛:《论我国农村公共产品供给机制缺失与重构》,《学术界》2007 年第 3 期。

　　54. 刘华安:《农村公共产品供给:现实困境与机制创新》,《国家行政学院学报》2009 年第 3 期。

　　55. 徐鲲、肖干:《农村公共产品供给机制的创新研究》,《探索》2010 年第 2 期。

　　56. 黄争鸣:《加大农村公共产品的政府供给》,《江西财经大学学报》2003 年第 2 期。

　　57. 谢群、员晓哲:《我国农村公共产品供给主体的失衡与重构》,《农村经济》2006 年第 3 期。

　　58. 陈俊红、吴敬学、周连弟:《北京市新农村建设与公共产品投资需求分析》,《农业经济问题》2006 年第 7 期。

　　59. 周燕、梁樑:《国外公共物品多元化供给研究综述》,《经济纵横》2006 年第 2 期。

60. 张军、何寒熙：《中国农村的公共产品供给：改革后的变迁》，《改革》1996 年第 5 期。

61. 冯胜花、李彬：《政府在农村公共产品供给中行为缺失与对策研究》，《农村经济》2006 年第 7 期。

62. 黄立华：《论农村公共产品供给中的政府责任》，《吉林大学社会科学学报》2009 年第 4 期。

63. 钟裕民、刘伟：《新农村建设中村级公共品供给的激励与监控——基于对村委会和村民之间委托代理关系的考察》，《农村经济》2008 年第 3 期。

64. 邓毅：《关于私营企业介入地方公共物品供给的研究》，《财经研究》1997 年第 12 期。

65. 汪玉凯：《公共管理基础问题研究》，《中国行政管理》2001 年第 11 期。

66. 陈伟鸿：《民营企业与农村地方准公共产品的供应》，《商业研究》2008 年第 10 期。

67. 王建友：《论新农村建设中企业供给公共产品的价值》，《西北农林科技大学学报》（社会科学版）2011 年第 5 期。

68. 孙辉：《公共物品供给中的政府与第三部门伙伴关系》，《广东行政学院学报》2006 年第 2 期。

69. 朱文文、朱彬彬：《我国第三部门在公共产品供给中的阻力与对策分析》，《云南行政学院学报》2006 年第 6 期。

70. 崔开云：《非政府组织参与中国农村公共产品供给基本问题分析》，《农村经济》2011 年第 4 期。

71. 吕恒立：《试论公共产品的私人供给》，《天津师范大学学报》（社会科学版）2002 年第 3 期。

72. 郭少新：《地方公共物品的私人供给分析》，《生产力研究》2004

年第 9 期。

73. 王能民等：《公共物品私人提供的博弈分析》，《公共管理学报》2008 年第 1 期。

74. 穆贤清等：《我国农户参与灌溉管理的产权制度保障》，《经济理论与经济管理》2004 年第 12 期。

75. 郑沪生：《构建农民参与的农村公共产品供给制度》，《长白学刊》2007 年第 5 期。

76. 符加林、崔浩、黄晓红：《农村社区公共物品的农户自愿供给——基于声誉理论的分析》，《经济经纬》2007 年第 4 期。

77. 方建中：《农户参与农村公共服务供给模式研究》，《江苏行政学院学报》2011 年第 6 期。

78. 唐祥来：《公共产品供给的"第四条道路"—PPP 模式研究》，《经济经纬》2006 年第 1 期.

79. 姜宏洁：《论农村公共产品供给的市场参与》，《长白学刊》2014 年第 5 期。

80. 陈朋：《农村公共产品的供给模式与制度设计思考》，《教学与研究》2006 第 10 期。

81. 程又中、陈伟东：《国家与农民：公共产品供给角色与功能定位》，《华中师范大学学报》(人文社会科学版)2006 年第 2 期。

82. 方建中、邹红：《农村公共产品供给主体的结构与行为优化》，《江海学刊》2006 年第 5 期。

83. 赵立雨、师萍：《多中心治理理论：农村公共产品多元供给模式分析》，《未来与发展》2008 年第 8 期。

84. 金峰：《优化我国农村公共产品供给模式的对策建议》，《扬州大学学报》(人文社会科学版)2010 年第 3 期。

85. 袁倩：《论农村公共产品自主供给的原因》，《山东行政学院学报》2013 年第 2 期。

86. 肖扬伟:《政府治理理论兴起的缘由、特征及其中国化路径选择》,《清江论坛》2008 年第 3 期。

87. 谭玉清:《缩小城乡居民收入差距的对策分析》,《中国集体经济》2007 年第 1 期。

88. 郭书田:《乡镇政府改革与乡村治理》,《南方农村》2005 年第 5 期。

89. 吕达:《公共物品的私人供给机制及其政府行为分析》,《云南行政学院学报》2005 年第 1 期。

90. 艾医卫、屈双湖:《建立和完善农村公共服务多元供给机制》,《中国行政管理》2008 年第 10 期。

91. 刘娜:《农民在农村公共产品供给中的角色分析》,《中国农业教育》2007 年第 1 期。

92. 梁淮平、吴业苗:《村民自治制度安排与农村公共产品供给》,《云南行政学院学报》2007 年第 3 期。

93. 汪旭、刘桂芝:《农户在农村公共产品供给中的角色差距与调适》,《求实》2014 年第 8 期。

94. 聂火云、黄大希:《新农村建设中农村公共产品供给问题探讨》,《江西社会科学》2008 年第 5 期。

95. 赵鼎新:《集体行动、搭便车理论与形式社会学方法》,《社会学研究》2006 年第 1 期。

96. 李斗明:《大学生村官思想政治教育的制度性探讨》,《学校党建与思想教育》2012 年第 9 期。

97. 孔祥智、涂圣伟:《新农村建设中农户对公共物品的需求偏好及影响因素研究——以农田水利设施为例》,《农业经济问题》2006 年第 10 期。

98. 林岩:《影响农民组织化意愿的因素探究》,《农业科技管理》,2010 年第 1 期。

99. 刘华安:《农村公共产品供给:现实困境与机制创新》,《国家行政学院学报》2009 年第 3 期。

100. 张素罗、张广荣:《新农村建设中农民对公共产品的供给意愿研究——基于河北省 644 个农户的调查》,《乡镇经济》2008 年第 1 期。

101. 宋龙香、张术环:《国外农村公共产品的供给及对中国的启示》,《世界农业》2011 年第 4 期。

102. 廖红丰、尹效良:《国外农村公共产品供给的经验借鉴与启示》,《广东农业科学》2006 年第 4 期。

103. 李海舰:《国外农村社区公共产品供给特征及对我国的启示》,《天中学刊》2013 年第 5 期。

104. 官爱兰、全辉:《韩国经验借鉴与我国农村公共产品供给的长效机制构建》,《农业考古》2008 年第 6 期。

105. 张青:《农村公共产品供给的国际经验借鉴——以韩国新村运动为例》,《社会主义研究》2005 年第 5 期。

106. 丁开杰、刘合光:《印度农村公共品供给体制研究》,《当代亚太》2006 年第 6 期。

107.《自上而下的"公共品"决策——访印度人民科学运动领导人文诺》,《中国改革》2001 年第 7 期。

108. 曹建如:《印度的农业合作社》,《世界农业》2008 年第 3 期。

109. 盛荣:《印度村庄公共产品供给机制及其治理背景》,《南亚研究季刊》2007 年第 2 期。

110. 温俊萍:《印度乡村公共品供给机制研究:公共治理的视角》,《南亚研究季刊》2008 年第 1 期。

111. 吴自聪、王彩波:《农村公共产品供给制度创新与国际经验借鉴——以韩国新村运动为例》,《东北亚论坛》2008 年第 1 期。

112. 李小红:《韩国新村运动中的女性对中国农村妇女培训的建议》,《世界农业》2013 年第 7 期。

113. 史磊、郑珊:《日本农村环境治理中的农户参与机制及启示》,《世界农业》2017 年第 10 期。

114. 匡远配、汪三贵:《日本农村公共产品供给特点及其对我国的启示》,《日本研究》2005 年第 4 期。

115. 鄢奋:《日本农村公共产品供给制度分析》,《亚太经济》2009 年第 1 期。

116. 赵杰等:《美国乡村地区公共产品供给情况考察》,《中国财政》2010 年第 1 期。

117. 黄立华:《美国农村公共产品的供给及启示》,《北方经贸》2007 年第 1 期。

118. 孙亮:《美国、韩国、印度的农业合作社发展研究》,《世界农业》2013 年第 2 期。

119. 吴春梅、石绍成:《乡村公共精神:内涵、资源基础与培育》,《前沿》2010 年第 7 期。

120. 冯涛:《新农村建设与村民自治制度的完善》,《科学社会主义》2007 年第 4 期。

121. 李辉:《村民自治制度安排与农村公共产品供给制度创新探讨》,《中共南京市委党校学报》2008 年第 6 期。

122. 胡松、俞春兴:《论健全和完善我国的村民自治制度——解决"三农"问题对策之一》,《前沿》2006 年第 6 期。

123. 吴玉英:《村民自治制度下广东农村基层民主政治的发展》,《广东行政学院学报》2008 年第 5 期。

124. 黄璐:《村民自治制度发展的未来展望》,《河北师范大学学报》(哲学社会科学版)2013 年第 2 期。

　　125. 赵慧娥:《外商投资是农业产业结构升级的推动力》,《农业经济》2004 年第 10 期。

　　126. 白永秀:《论社会主义新农村建设的核心问题——农业产业结构的升级和优化》,《延安大学学报》(社会科学版)2008 年第 4 期。

　　127. 文尚卿:《论有序转移农村富余劳动力》,《中国井冈山干部学院学报》2008 年第 5 期。

　　128. 廖薇、曹中红:《农村公共物品提供与农户收入的相关性研究》,《农村经济》2007 年第 1 期。

　　129. 刘克非:《现阶段乡镇企业发展状况与对策探析》,《特区经济》2008 年第 4 期。

　　130. 袁晓斌:《加快第三产业吸纳劳动力的步伐》,《经营与管理》2008 年第 8 期。

　　131. 胡拥军、周戎桢:《乡村精英与农村社区公共产品自主供给——基于“熟人社会”的场域》,《西南农业大学学报》(社会科学版)2008 年第 4 期。

　　132. 鲍志伦:《基于人才开发与管理视域下的大学生村官问题研究》,《中国市场》2013 年第 9 期。

　　133. 何安华、涂圣伟:《农村公共产品供给主体及其边界确定:一个分析框架》,《农业经济与管理》2013 年第 1 期。

　　134. 王传辉:《农村基层民主建设的问题与对策——以山东省滕州市为例》,《山东省农业管理干部学院学报》2006 年第 2 期。

　　135. 张翠梅、高吉祥:《农村公共产品供给下的农民主体性缺失》,《理论研究》2011 年第 1 期。

　　136. 常敏:《农村民间组织发展与公共产品供给》,《农村经济》2007 年第 6 期。

137. 刘小锋:《农村公共产品农户自愿供给的理论与现实解释——社会关系的视角》,《福建行政学院学报》2011 年第 2 期。

138. 陈占锋:《农村民间组织参与乡村治理的实证分析——基于某省两村的调研》,《行政管理改革》2013 年第 6 期。

139. 邱小健、李自茂:《公共产品私人供给与政府治理结构的转型》,《赣南师范学院学报》2009 年第 2 期。

140. 祁毓:《城乡基本公共服务均等化现状及政策建议——基于政府偏好和农户需求视角》,《地方财政研究》2010 年第 7 期。

141. 龚欣、刘文忻、张元鹏:《公共品私人自愿提供决策的实验研究》,《中南财经政法大学学报》2010 年第 4 期。

142. 于水、曲福田:《我国农村公共产品供给机制创新——基于江苏省苏南苏北地区的调查》,《南京农业大学学报》(社会科学版)2007 年第 2 期。

143. 祁毓、狄继卓:《政府偏好、农户需求与城乡基本公共服务均等化》,《学习与实践》2010 年第 8 期。

144. 庞娟:《博弈视角下农村社区公共品自愿供给的激励机制研究》,《学术论坛》2010 年第 5 期。

145. 杨斌、史耀波:《农村公共产品成本分担对农户收入差距的影响机理与实证研究》,《当代经济科学》2013 年第 2 期。

146. 李信见:《农村公共产品供给的政府缺位与第三方介入:栖霞水利联合体案例》,《金融发展研究》2011 年第 9 期。

147. 陈潭、刘建义:《农村公共服务的自主供给困境及其治理路径》,《南京农业大学学报》(社会科学版)2011 年第 3 期。

148. 曲延春:《农民满意度、需求偏好与农村公共产品供给侧改革——基于山东省 546 份调查问卷的分析》,《东岳论丛》2017 年第 11 期。

149. 曹菲:《基于农民增收的农村公共产品供给机制创新研究》,《农业经济》2017 年第 8 期。

150. 周书成、林慧琦、郑逸芳:《农户参与农村公共休闲产品筹资意愿研究——以福建省南平地区为例》,《合肥学院学报》(综合版)2017 年第 3 期。

151. 李晓庆、郑逸芳:《农户参与农村公共产品供给意愿及其影响因素分析——基于福建省南平市 380 份调研数据》,《石家庄铁道大学学报》(社会科学版)2017 年第 3 期。

152. 蔡起华、朱玉春:《社会信任、关系网络与农户参与农村公共产品供给》,《中国农村经济》2015 年第 7 期。

153. 蔡起华、朱玉春:《农户参与农村公共产品供给意愿分析》,《华南农业大学学报》(社会科学版)2014 年第 3 期。

154. 张振洋:《精英自主性、非正式制度与农村公共产品供给——基于"香烟钱"制度的个案研究》,《公共管理学报》2019 年第 4 期。

155. 王蕾、朱玉春:《基于农户视角的农村公共产品供给效果评价》,《西北农林科技大学学报》(社会科学版)2012 年第 4 期。

156. 史耀波:《农户受益、福利水平与农村公共产品供给的关联度》,《改革》2012 年第 3 期。

157. 乔立娟、王健、张润清:《农户对农村公共产品支付意愿的博弈分析——以河北省农村地区为例》,《广东农业科学》2012 年第 3 期。

158. 闫惠惠、王礼力:《农村公共产品供给与农户投资问题研究》,《社会科学家》2011 年第 3 期。

159. 崔宝玉、张忠根:《农村公共产品农户供给行为的影响因素分析——基于嵌入性社会结构的理论分析框架》,《南京农业大学学报》(社会科学版)2009 年第 1 期。

160. 史耀波、刘晓滨:《农村公共产品供给对农户公共福利的影响研究——来自陕西农村的经验数据》,《西北大学学报》(哲学社会科学版) 2009 年第 1 期。

161. 黄志冲:《农村公共产品供给机制创新研究》,《现代经济探讨》2000 年第 10 期。

162. 王国华、李克强:《农村公共产品供给与农民收入问题研究》,《财政研究》2003 年第 1 期。

163. 蒋佳林:《创新农村公共品供给机制是统筹城乡发展的关键》,《上饶师范学院学报》2004 年第 2 期。

164. 任中平、王菲:《经验与启示:城市化进程中的乡村治理——以日本、韩国与中国台湾地区为例》,《黑龙江社会科学》2016 年第 1 期。

165. 李耕玄等:《日本"一村一品"的启示及经验借鉴》,《农村经济与科技》2016 年第 11 期。

166. 李雄斌:《农村公共产品供给模式创新探讨》,《陕西日报》2004 年 04 月 7 日。

167. 古怀璞:《从完善制度入手 推进村民自治科学发展》,《河北科技报》2009 年 1 月 17 日。

168. 彭兴庭:《从"捐资建广场"看公共产品的私人供给》,《中国改革报》2007 年 6 月 29 日。

169. 杨丹娜、李有旺:《完善村民自治的制度机制》,《南方日报》2008 年 11 月 5 日。

170. 郭兆钧、丁军、刘怀远:《完善村民自治制度 架起民主监督桥梁》,《延安日报》2009 年 12 月 16 日。

171. 张冲、王旭华:《大学生村官可持续发展的困境与出路》,《学习时报》2013 年 10 月 14 日。

172. 杨鹏:《中国社会当前的主要矛盾是什么》,《中国青年报》

2005 年 11 月 16 日。

四、学位论文类

1. 崔宝玉:《欠发达地区农村社区公共产品农户参与供给研究》,2009 年浙江大学博士学位论文。

2. 刘小锋:《基于农户视角的农村公共产品需求研究——以福建省为例》,2009 年浙江大学博士学位论文。

3. 冷哲:《农村公共产品有效供给的财政激励制度研究》,2016 年中央财经大学博士学位论文。

4. 王晔:《财政分权视角下农村公共产品有效供给研究》,2015 年中国农业大学博士学位论文。

5. 肖颖:《农村公共服务中的自我供给研究——以福建省农村"六大员"队伍建设为例》,2008 年福建农林大学硕士学位论文。

6. 周丹:《村级公共品筹资中农户参与意愿及影响因素分析》,2011 年华中农业大学硕士学位论文。

7. 邓娇:《农村公共产品多元供给主体的政府激励研究》,2008 年电子科技大学硕士学位论文。

8. 孙冠花:《农村公共产品供给中的农民参与问题研究》,2011 年天津商业大学硕士学位论文。

9. 曾敏:《公共物品供给中的农民合作分析——以江坡村道路修建为例》,2007 年华中师范大学硕士论文。

10. 郭荣华:《基于社会资本视角的广东农户参与供给农村公共产品研究》,2012 年华南理工大学硕士论文。

五、网络资源类

1.《中华人民共和国村民委员会组织法》,http://www.gov.cn/

flfg/2010-10/28/content_1732986.htm,2010-10-28.

2. 樊晓民:《关于美国乡村地区公共产品供给情况的考察报告》, http://nw. yangzhou. gov. cn/snpl/201207/ c8a8b507c34a47ba9a2b0115545a6148.shtml,2012-07-17.

3. 相加斌:《加强农村三资管理的调查与思考》,http://www.ngb. jd.cn/info.asp? id=96324,2009-11-19.

4.《民政部发布2013年社会服务发展统计公报》,http://society. people.com.cn/n/2014/0618/c1008-25165691-3.html,2014-06-18.

5.《山东省人民政府办公厅关于印发山东省村民一事一议筹资筹 劳管理办法的通知》,http://www.shandong.gov.cn/art/2011/8/23/art_ 3883_1133.html,2011-8-23.

6. 赵洪杰、张海峰:《山东贫困人口将获"精准帮扶"》,http:// paper. dzwww. com/dzrb/content/20141015/Articel03002MT. htm, 2014- 10-15.

7. 郭芳等:《中国四万座病险水库存在溃坝风险 地方政府没钱 修》,http://news. xinhuanet. com/local/2011-08/23/c_121897313. htm, 2011-8-23.

8.《新一轮农村电网改造升级建设投资将达两千亿》,http://www. topcj.com/html/3/CYZX/20100713/355282.shtml,2010-07-13.

9. 杜鹰:《国务院关于保障饮用水安全工作情况的报告》, http://www.npc.gov.cn/npc/xinwen/2012-07/11/content_1729559.htm, 2012-07-11.

10.《村庄整治:农村饮水安全问题亟待解决》,http://www. chinajsb.cn/gb/content/2005-11/07/content_154129.htm,2005-11-07.

11.《教育部、国家统计局、财政部关于2013年全国教育经费执行 情况统计公告》,http://www. jyb. cn/info/jytjk/201411/t20141106_

603445.html,2014-11-06.

12.《中国企业退休人员基本养老金月人均水平达近 1900 元》，http://www.chinanews.com/gn/2014/01 - 24/5776532.shtml，2014 - 01-24.

附　　录

附录1　农户参与农村公共产品供给动力调查问卷

尊敬的村民:

您好!

首先感谢您的合作。农村公共产品供给状况与大家息息相关,直接影响到大家的生产生活水平。保障农村公共产品有效供给,各级政府应首当其责,但也需要政府以外主体的积极参与,其中农户参与供给程度,尤其是,农户参与供给动力如何,在很大程度上影响到农村公共产品供给的效果。我们希望对此进行一些有益的探讨。

本问卷纯属学术研究目的,采用匿名方式填写,调查问卷将不会对外公开,真诚希望您能根据您的真实情况,客观地回答问题,以使我们的研究更具真实性。在回答问题时,您只需在问题前面的选项处划对号即可。

感谢您的支持和帮助!

调研地点:_____县(市、区)_____乡(镇)_____村

受访农户基本情况:年龄:_____性别:_____文化程度:_____

家庭人口数:_____

一、农村公共产品供给现状的评价

1. 您村有没有小型给排水的动力设施?

□独立拥有 □与其他村共建 □没有

2. 您村所使用的排灌渠水利设施主要属于以下哪一种类型?

□水泥渠 □石砌渠 □土渠 □其他

3. 您村拥有蓄水水库或自然湖泊的数量是多少?

□0 个 □1—5 个 □5—10 个 □11—15 个 □16 个以上

4. 您村内的主干道属于以下哪一种?

□水泥路 □柏油路 □沙石路 □土路

5. 通往邻村的道路属于以下哪一种?

□水泥路 □柏油路 □沙石路 □土路

6. 村内的主要道路有没有路灯?

□有 □没有

7. 您日常的饮用水来源是以下哪一种?

□自来水 □压井水 □公用井水 □池塘水

8. 您日常的饮用水水质如何?

□很好 □一般 □差 □很差

9. 您村内的生活污水处理如何?

□有排污管道和净化设施 □有排污管道,但无净化设施

□无排污管道和任何净化设施

10. 您村内的生活垃圾处理如何?

□有垃圾桶,垃圾送垃圾处理厂处理 □有垃圾桶,垃圾在村内集中填埋处理 □无垃圾桶,垃圾随意倾倒

11. 目前,您村农村公共产品的损毁程度如何?

农田水利灌溉工程:□完好 □严重损毁 □局部损毁

村内道路和路灯:□完好 □严重损毁 □局部损毁

农村生活给排水设施:□完好　□严重损毁　□局部损毁

村内生活垃圾处理设施:□完好　□严重损毁　□局部损毁

12.您对农村公共产品的具体需求强度是什么?

农田水利灌溉工程:□非常需要　□需要　□不太需要　□不需要

村内道路和路灯:□非常需要　□需要　□不太需要　□不需要

村内生活给排水设施:□非常需要　□需要　□不太需要　□不需要

村内生活垃圾处理设施:□非常需要　□需要　□不太需要　□不需要

13.您认为您村农村公共产品供给水平能否满足您的需要?

农田水利灌溉工程:□完全能　□能　□不能　□完全不能

村内道路和路灯:□完全能　□能　□不能　□完全不能

村内生活给排水设施:□完全能　□能　□不能　□完全不能

村内生活垃圾处理设施:□完全能　□能　□不能　□完全不能

14.您认为农村公共产品供给中存在的问题有哪些?（可多选）

□村民无权决策　□资金不足

□资金监督不力,存在不合理使用　□缺乏管护、老化失修

□没有管理组织和规章制度　□缺少技术支持

□其他,例如:

二、农户参与农村公共产品供给动力的调查

（一）驱动力体现

15.总体上,您对您村农村公共产品供给现状满意吗?

□满意　□基本满意　□不太满意　□很不满意

16.您认为农户参与农村公共产品供给对其真实需求意愿的表达

有什么作用?

□很大作用　□一定作用　□基本不起作用　□完全不起作用

17.您认为农户参与农村公共产品供给能提升农户需求的满意度吗?

□能　□不能　□说不清

18.您认为农户参与对农村公共产品供给能提高供给水平和效率吗?

□能　□不能　□说不清

19.您在什么情况下参与农村公共产品供给?(可多选)

□政府供给不足　□政府供给不能体现自己的真实需求意愿

□在参与供给中获利　□参与供给不增加经济负担

□其他,例如:

20.您参与农村公共产品供给对您家庭的影响如何?(可多选)

□没影响　□增加经济负担　□其他影响,例如:

21.您家的农业收入在全家总收入中占多大比例?

□25%以下　□26%—50%　□51%—75%　□76%以上

22.您认为农户参与农村公共产品供给的最好方式是什么?

□通过民间组织　□个人参与　□委托给村委会　□通过村民(代表)大会

(二)内促力体现

23.您是否愿意参与农村公共产品的供给决策?

□愿意　□不愿意

24.您是否参与过农村公共产品的供给的"一事一议"决策?

□参与过　□没参与

25.您通过"一事一议"参与农村公共产品供给决策的渠道畅通吗?

□通畅　□基本通畅　　□不够通畅　□不通畅

26. 您认为有的农户没有参与农村公共产品供给决策的主要因素有哪些？（可多选）

□没有参与渠道　□没有时间　□参与动机不强　□其他

27. 您认为您村农村公共产品供给资金充足吗？

□充足　□基本充足　□较缺乏　□很缺乏

28. 您认为您村农村公共产品供给融资渠道畅通吗？

□很畅通　□畅通　□基本畅通　□不畅通

29. 您认为应从哪些渠道来解决农村公共产品供给的资金？（可多选）

□贷款　□农户集资　□村集体投入　□政府财政　□捐助　□其他

30. 您是否参与过农村公共产品的供给筹资？

□参与过　□没参与

31. 您村的富裕农户能积极捐赠资金用于农村公共产品供给吗？

□能　□基本能　□不能

32. 影响您参与农村公共产品筹资的主要原因有哪些？（可多选）

□周围人的参与比例　□筹资金额过大会影响到家庭的生活

□农村公共产品的需求程度　□政府及村委会是否组织动员

□其他

33. 您认为政府对参与农村公共产品资金筹集的农户经济激励充足吗？

□很充足　□充足　□基本充足　□不充足

34. 您是否愿意参与对农村公共产品供给资金支配和供给质量的监督？

□愿意　□不愿意

35. 您是否参与过对农村公共产品供给资金支配和供给质量的监督?

□参与过　□没参与过

36. 您不参与农村公共产品供给资金支配和供给质量的监督的主要原因有哪些?(可多选)

□渠道不畅通　□无暇顾及　□其他

37. 您是否愿意参加对农村公共产品建成后的管护?

□愿意　□不愿意

38. 您是否参与过对农村公共产品建成后的管护?

□参与过　□没参与过

39. 您不参与农村公共产品建成后管护的主要原因有哪些?(可多选)

□缺少补贴　□村集体不重视

□缺少有关管护的制度和法规　□管护的组织不健全

(三)支持力体现

40. 您认为在农村公共产品供给上,政府需要提供哪些方面的支持?(可多选)

□财力支持　□智力支持　□制度支持　□政策支持　□技术支持

41. 您认为政府对农村公共产品供给的财政支持力度如何?

□很强　□较强　□强　□较弱　□无支持

42. 您认为在农村公共产品供给上理想的财政支持方式是哪一种?

□一般性转移支付　□专项转移支付方式　□政府补助,村级供给

43. 您是否认为参与农村公共产品筹资是每个农户应尽的义务?

□是　□不是　□说不清

44. 您是否愿意参与对农村公共产品供给的筹资?

□愿意　□不愿意

45. 您是否愿意参与对农村公共产品供给的筹劳?

□愿意　□不愿意

46. 您所在的村庄精英能否对普通农户参与供给起到示范驱动作用?

□能　□基本能　□不能

47. 您认为保障农户参与农村公共产品供给的政策健全吗?

□很健全　□健全　□基本健全　□不健全

48. 您认为农户在农村公共产品供给中受基层政府的干预吗?

□很受干预　□受一定干预　□不受干预

49. 您对村委会在农村公共产品供给上所起的作用满意吗?

□非常满意　□满意　□基本满意　□不满意

50. 您认为村委会在农村公共产品供给中需要加强哪些作用?(可多选)

□决策能力　□组织动员能力　□筹集资金能力　□其他

51. 您认为保障农户参与农村公共产品供给的组织管理制度完善吗?

决策制度:□很完善　□完善　□基本完善　□不完善

筹资制度:□很完善　□完善　□基本完善　□不完善

监督制度:□很完善　□完善　□基本完善　□不完善

管护制度:□很完善　□完善　□基本完善　□不完善

52. 您认为政府对农户参与供给的技术支持到位吗?

□很到位　□到位　□基本到位　□不到位

(四)外推力体现

53. 您认为新农村建设对推动农户参与农村公共产品供给的作用

如何?

□有很大作用　　□有较大作用　□作用不大　□没作用

54.您认为城乡一体化对推动农户参与农村公共产品供给的作用如何?

□有很大作用　　□有较大作用　□作用不大　□没作用

55.您认为农村经济发展对推动农户参与农村公共产品供给的作用如何?

□有很大作用　　□有较大作用　　□作用不大　□没作用

附录2　农户参与农村公共产品供给
动力访谈提纲(农户)

访谈地点:_____县(市、区)_____乡(镇)_____村

受访农户基本情况:年龄:_____性别:_____文化程度:_____

家庭人口数:_____

1.您家近三年人均纯收入多少? 其中农业收入和非农业收入各占多大比例?

2.近年来,您有没有参与过农村公共产品(社区道路、路灯、排灌渠、蓄水工程、堤防设施、河道工程、生活给排水设施等)供给? 如果有,有哪些?

3.您认为本村自主提供的农村公共产品在数量和质量上能满足农户的需求吗?

4.在农村公共产品供给决策过程中,您村有没有实施过"一事一议"? 实施效果如何?

5.您参与过农村公共产品供给(社区道路、排灌渠、蓄水工程、堤防设施、河道工程、生活供排水设施、生活垃圾设施)的筹资吗? 具体

是什么项目？筹资额是多少？

6.您参与过农村公共产品供给资金使用的监管吗？监管力度如何？

7.您有过有意或无意损坏基础设施类农村公共产品的情况吗？您对此类农村公共产品的管护有何建议？

8.您认为保障农户参与农村公共产品供给的政策和组织管理完善吗？还需要在哪些方面进一步完善？

9.您认为政府应采取何种方式能吸引农户参与农村公共产品供给？农户在供给中易受基层政府的干预吗？

10.您认为村委会以后在农村公共产品供给决策、组织动员、提供资金、农村公共产品建成后的管护等方面还需做哪些工作？

附录3　农户参与农村公共产品供给动力访谈提纲（村干部）

访谈地点：_____县(市、区)_____乡(镇)_____村

受访村干部基本情况:年龄:_____性别:_____文化程度:_____

担任职务:_____

1.近三年本村人均纯收入多少？其中农业收入和非农业收入大约各占多大比例？

2.近年来,您村村民参与农村公共产品(社区道路、路灯、排灌渠、蓄水工程、堤防设施、河道工程、生活给排水设施等)供给情况如何？

3.您认为本村自主提供的农村公共产品在数量和质量上能满足农户的需求吗？

4.在农村公共产品供给决策过程中,您村有没有实施过"一事一议"？实施效果如何？

5.近三年,您村进行过农村公共产品供给(社区道路、排灌渠、蓄水工程、堤防设施、河道工程、生活供排水设施、生活垃圾设施等)的筹资吗?具体是什么项目?每个项目的筹资总额大约有多少?

6.您村对农村公共产品供给资金的使用是如何进行监管的?农户参与监管情况怎样?

7.您村的基础设施类农村公共产品损害情况如何?村委会对此类农村公共产品的管护采取了哪些措施?

8.您村中有没有村民理事会或农村发展协会等农民民间组织?如果有,它们在农村公共产品供给中的作用如何?请举例。

9.您村的村庄精英(种植大户、农民企业家、本村在外创业的成功人士、在外担任领导的祖籍为本村的人士)能积极参与农村公共产品的供给吗?能对普通农户参与供给起到示范驱动作用吗?请举例。

10.您认为保障农户参与农村公共产品供给的政策和组织管理完善吗?还需要在哪些方面进一步完善?

11.您认为在农村公共产品供给上政府支持力度如何?政府以后在财政支持、项目支持、技术支持和组织管理支持上要具体做些什么?

后　记

　　本专著是在我的博士论文基础上充实修改而成的。全书的整体结构仍然是博士论文的结构，但对博士论文的内容进行了充实，共增加了约两万字左右，一些数据也做了更新和充实。

　　本书的选题与我的人生经历有着直接的关系。我生于农村，长于农村，也在农村中学工作过一段时间。小时候，面对"晴天一身灰，雨天一身泥"的乡村公路，晚间漆黑的村内道路，村里随意横流的生活污水，家里的农田有旱有涝，无法保障农田收成，而城里道路整洁，晚上灯火通明时，心里默默地想农村和城市的差距怎么这么大？这种状况怎样才能改变？是什么原因造成的呢？虽然那时不知道这些与公共产品供给有关，更不知道"公共产品"这一名词，但是一直想寻求问题的答案。上大学和读研究生时，一直对农村问题感兴趣，也阅读了大量有关农村问题的书籍。在后来的教学和研究中，逐渐将自己的研究方面聚焦于乡村治理，特别是，农村公共产品供给问题的研究。2011 年 9 月，有幸来到东北师范大学政法学院攻读政治学专业博士学位。在如何选择博士论文题目时，是选择新的研究方向还是坚守农村问题研究，有过徘徊。好在在导师刘桂芝教授的肯定和鼓励下，我坚持下来了，继续从事农村公共产品供给方面的研究。经过四年的学习，我于 2015 年 5 月顺利通过了博士论文的答辩。这篇博士论文从 2012 年 1 月开始收集资料，2012 年 6 月开题，2014 年 7 月形成初稿，再经预答辩、外审和答辩,并经多次修改,直到于 2015 年 5 月通过论文答辩。在论文答辩时,诸位专家提出许多中肯意见。博士毕业后的这四年时间里,一直在按照专家的意见修改,今天算是告一段落了。这前前后后历时七年多的时间。真所谓"起个大早,赶个晚集"。当提起笔来写后记时,心中有着诸多的感触。

感慨时间过得飞快。八年前,从山东乘坐 10 多个小时的火车来长春参加博士研究生入学考试的情形恍如昨天,在师大学习与生活的点点滴滴还历历在目,而今,已完成自己的学业,离开师大四年了。

难忘在师大的学习与生活。师大的博士学习又让我成为了一名学生,有了静心读书和思考的地方。师大宿舍有趣的集体生活,图书馆便捷的图书借阅服务,食堂可口的饭菜,后街品种繁多的小商品,长春凉爽的夏天,还有那速度不够快且有些拥挤的轻轨三号线等都让我难忘。

感念师恩。首先要感谢我的导师刘桂芝教授。初识刘老师是在 2011 年 5 月份博士入学考试复试的前一天。虽然当时我们交谈的时间不长,但我已感知到她是一位做事严谨、为人谦和、性格开朗的老师。在此后的论文写作中,刘老师从论文选题、提纲拟定、写作、修改及最后的审定等每个环节都严格要求我,为此付出大量的心血。通过她的悉心指导,我的学术视野变得开阔了,思维方式有了大的转变,写作水平得到了很大的提高,这些都使我终身受用。本书的顺利出版也离不开刘老师热心引荐和鼓励。在日常生活中,她也非常关心我。同时,还要感谢东北师范大学柏维春教授、刘彤教授、田克勤教授、赵连章教授、张顺教授、尹奎杰教授、刘晓莉教授、李彩华教授以及吉林大学周光辉教授、宋连胜教授等对本书写作结构、观点等提出的宝贵意见,使我受益匪浅。

念友情。因为我是在职攻读博士学位,平时还要工作,工作地离学校比较远,不能时时在校,有些事情无法及时处理,在这期间,郭淑颖、胡永保、王在亮、杨超、张泽强、樊瑞科、吴同喜和陶立业等诸位博士主动帮我处理,给予我很大的帮助,在此向他们表示感谢。也非常怀念与他们相处的短暂而快乐的时刻,难舍这份友情,愿我们的友谊长存。

谢家人。感谢我的爱人在我攻读博士学位期间,主动承担了大部分的家务,使我有时间和精力来完成博士论文。这在一定程度上也影响了她自己的博士学业,深感愧疚。感谢过世的母亲为我承担了照看女儿的任务。2013 年 7 月,母亲临终前还牵挂我的学业。没能让母亲看到儿子完成学业的那一天,是我此生的一大遗憾。母亲过世后,岳父岳母又帮我照看女儿,感谢二老的付出。

感谢我所带的泰山学院马克思主义学院 2011 和 2012 级思想政治教育本科专业的 21 位同学。他们主动放弃暑假休息时间,参与到了农户参与农村公共产品供给动力问题的调研中来。由于当时正值 2013年的盛夏,有几位同学还中暑了,他们为调研付出了大量的劳动,没有他们的努力,本书就无法及时获得一些珍贵的数据和资料。

感谢接受调研的山东省 20 个样本村的村"两委"班子成员,正是由于他们的大力支持,相关的调研活动才能够得以顺利地开展。更要感谢接受问卷调查和访谈的村民们,正是这些淳朴的村民们敢于直言和热情的帮助,才使我能获得本专著所需的大量第一手资料。

感谢人民出版社崔继新主任的辛勤付出。拙作能在人民出版社顺利出版,多亏崔主任的推荐。

特别感谢泰山学院学术著作出版资金资助,没有该项经费的资助,本书的出版将会被推迟。

感谢泰山学院马克思主义学院刘明合院长等领导对本书出版的关心和支持。

汪　旭

2019 年 10 月于泰山

责任编辑:崔继新
封面设计:徐　晖
版式设计:东昌文化

图书在版编目(CIP)数据

中国农户参与农村公共产品供给动力研究/汪旭 著. —北京:人民出版社,
　2020.5
ISBN 978－7－01－020709－4

Ⅰ.①中… Ⅱ.①汪… Ⅲ.①农村-公共物品-供给制-研究-中国
Ⅳ.①F299.241

中国版本图书馆 CIP 数据核字(2019)第 076603 号

中国农户参与农村公共产品供给动力研究
ZHONGGUO NONGHU CANYU NONGCUN GONGGONG CHANPIN GONGJI DONGLI YANJIU

汪 旭　著

人民出版社 出版发行
(100706　北京市东城区隆福寺街 99 号)

中煤(北京)印务有限公司印刷　新华书店经销

2020 年 5 月第 1 版　2020 年 5 月北京第 1 次印刷
开本:710 毫米×1000 毫米 1/16　印张:16.5
字数:206 千字

ISBN 978－7－01－020709－4　定价:55.00 元

邮购地址 100706　北京市东城区隆福寺街 99 号
人民东方图书销售中心　电话 (010)65250042　65289539